CLOTILDE DE MEO

UFFICIO STAMPA

**Come Comunicare con la Stampa
per Ottenere Visibilità
sui Mezzi di Comunicazione**

Titolo

"UFFICIO STAMPA"

Autore

Clotilde De Meo

Editore

Bruno Editore

Sito internet

www.brunoeditore.it

 Le strategie riportate in questo libro sono frutto di anni di studi e specializzazioni, quindi non è garantito il raggiungimento dei medesimi risultati di crescita personale o professionale. Il lettore si assume piena responsabilità delle proprie scelte, consapevole dei rischi connessi a qualsiasi forma di esercizio. Il libro ha esclusivamente scopo formativo.

Sommario

Introduzione

Nella mia vita ho scritto tante cose: articoli, discorsi, storie che ancora attendono un finale. Ho scritto di tutto e di tutti fin dal momento in cui mi è stato insegnato a farlo. Ma non avevo ancora mai scritto un libro. Almeno fino a oggi.

Ho sempre saputo che prima o poi l’avrei fatto, ma incontravo sempre qualche difficoltà, poi un giorno, in un periodo particolare della mia vita, una serie di eventi mi ha messo in contatto con l’editore Giacomo Bruno ed eccoci qui.

Quello che state leggendo, e vi ringrazio di farlo, è il mio primo libro. Non è un romanzo, ma un manuale in cui ho cercato di trasferire tutte le mie esperienze maturate in anni di lavoro nel mondo della comunicazione.

Per me è la realizzazione di un sogno. Per me i sogni che si realizzano nascono dalle opportunità che la vita ci offre e che abbiamo l'intelligenza di cogliere. Mi piacerebbe che anche voi, che in questo momento sfogliate queste pagine, vi avvicinaste alla lettura come io mi sono dedicata alla scrittura. Consideratela un'opportunità.

Se avete scelto di acquistare questo libro è perché l'argomento vi interessa, magari desiderate lavorare all'interno di un ufficio stampa, magari vi siete ritrovati a svolgere il lavoro di addetto stampa e non sapete da dove iniziare. Sicuramente non siete arrivati qui per caso.

La prima volta che ho messo piede dentro un ufficio stampa non sapevo, né lontanamente immaginavo, come si svolgesse la giornata lavorativa al suo interno. I primi mesi sono stati frenetici e confusi, anche perché mi sono ritrovata a lavorare all'interno di un ufficio politico nel corso di una campagna elettorale.

Quando è finito tutto, mi sentivo abbastanza sicura di me stessa perché sapevo che non a tutti capita di vivere un'esperienza simile. Avevo lavorato pochi mesi e pensavo di avere in mano il mestiere. Mi sbagliavo di grosso.

Mi sbagliavo perché nel corso della campagna elettorale avevo un capo che si assumeva le responsabilità e avevo dei colleghi con cui dividere il lavoro e le difficoltà.

Quando mi sono trovata a dover gestire un ufficio da sola ho imparato e capito davvero cosa significasse svolgere questo lavoro perché tutto dipendeva da me. Se le notizie uscivano avevo lavorato bene, se non uscivano avevo lavorato male. È questo quello che ho imparato dalle esperienze lavorative successive alla campagna elettorale. Mentre le vivevo le consideravo poco edificanti e poco stimolanti, oggi so che sono state una buona palestra.

Mi è anche stato molto utile lavorare dall'altro lato della barricata, come giornalista. Ho compreso meglio i ritmi e le esigenze di un cronista e mi sono scontrata con addetti stampa in gamba e addetti stampa incompetenti. Ho costruito il mio piccolo bagaglio di conoscenze osservando il lavoro degli altri e vivendo giorno dopo giorno. È la famosa gavetta.

Mi auguro che le mie esperienze vi siano di aiuto per

comprendere questo mestiere e vi auguro di riuscire in qualsiasi cosa crediate davvero.

Questo libro è dedicato a tutti coloro che lavorano all'interno di un ufficio stampa, a tutti coloro che vorrebbero intraprendere questo tipo di lavoro, ma in particolar modo a tutti coloro che si ritrovano a svolgere il lavoro di addetto stampa e non sanno come muoversi.

Questo libro è dedicato a tutti voi che state leggendo.

CAPITOLO 1:
Cos'è l'ufficio stampa, a cosa serve, chi ne ha bisogno e perché

Cos'è e a cosa serve

L'ufficio stampa è una struttura che si occupa di comunicazione interna ed esterna. Il suo compito principale è quello di diffondere e veicolare informazioni sui mezzi di comunicazione di massa per conto dell'azienda o del personaggio di cui è portavoce. I suoi interlocutori sono dunque i giornalisti che lavorano per la carta stampata, per le radio, per le televisioni o per mezzo di Internet.

Attraverso l'ufficio stampa l'azienda si interfaccia con l'esterno, comunica le notizie di proprio interesse al pubblico di massa o a *target* mirati di utenti. Allo stesso tempo questo ufficio rappresenta un punto di riferimento per i mezzi di informazione interessati a raccogliere notizie inerenti l'attività dell'azienda.

L'ufficio stampa collabora poi con gli altri uffici dell'ente in cui lavora, per pianificare e sviluppare strategie di comunicazione interna. Si occupa di tutto ciò che riguarda la parola o la scrittura, dai discorsi alle pubblicità, alle *brochure*.

Questo ufficio viene inoltre utilizzato per realizzare pubblicazioni da promuovere all'esterno dell'azienda o da utilizzare a fini interni. Spesso viene infatti chiesto agli addetti all'ufficio stampa di riportare in un linguaggio semplice e comprensibile ricerche, statistiche o studi di settore. In alcune aziende l'ufficio stampa si occupa inoltre di curare l'ideazione e i contenuti di vere e proprie riviste.

SEGRETO n. 1: l'ufficio stampa svolge molteplici attività: cura la rassegna stampa quotidiana, organizza conferenze stampa, programma, promuove e pianifica eventi, progetta strategie di comunicazione interna ed esterna.

Il piano di azione è quindi molto vasto e gli incarichi da portare a termine sono numerosi e spesso si sovrappongono. Per questo è necessario dare all'ufficio un'organizzazione di base in cui la separazione delle varie competenze sia ben definita al fine di evitare inutili sovrapposizioni di ruoli e perdite di tempo. Mezzi, tempi e risorse devono essere organizzati al meglio. Anche la mole di lavoro da evadere può essere ridotta imparando a pianificare parte dei compiti da svolgere (analizzeremo in seguito alcuni casi).

Da questa premessa avete sicuramente capito che per ottenere dei risultati concreti bisogna imparare a lavorare con metodo.

Come raggiungere dei risultati

Se un ufficio stampa lavora bene o male si deduce dallo spazio che riesce a ritagliare sui vari media quando cerca di far uscire una notizia. A differenza di quanto avviene in altri settori, qui i risultati sono sotto gli occhi di tutti e si misurano in termini di articoli o servizi. Ma non solo. La bravura di un addetto stampa si evince dal modo in cui si rapporta con i giornalisti e da quanto facilita loro il lavoro.

Facciamo un esempio. Prendiamo due addetti stampa e un giornalista:

- caso A. Il primo addetto stampa invia al giornalista una notizia completa di informazioni, scritta in modo chiaro e semplice, il cui testo non ha bisogno di correzioni e non lascia adito a dubbi. Il giornalista, che ogni giorno viene sommerso di informazioni ed è soggetto a orari di scadenza, può fare copia e incolla del testo ricevuto, o di una parte di esso, e pubblicarlo velocemente;

- caso B. Il secondo addetto stampa invia al giornalista un testo che presenta delle frasi incomprensibili, in cui, magari, i concetti sono espressi poco chiaramente, oppure mancano delle informazioni importanti per comprendere la notizia come un indirizzo, un nome o una data. Il giornalista può decidere di cestinare quanto ha ricevuto. Se invece decide o è costretto a pubblicare la notizia deve necessariamente rimettere mano al testo o telefonare all'addetto stampa per avere dei chiarimenti su quanto ricevuto.

Nel primo caso l'obiettivo finale, cioè la pubblicazione della notizia, è stato raggiunto facilmente perché l'addetto stampa ha compiuto tutti i passi che doveva fornendo al giornalista del materiale chiaro e completo. La notizia non ha avuto bisogno di essere ritoccata, il testo è quindi uscito come l'ha concepito l'addetto stampa, nella prospettiva che ha voluto dargli.

Nel secondo caso il giornalista si è sicuramente innervosito leggendo un testo incompleto o non corretto. Come minimo, avrà classificato il mittente come un incompetente e si sarà irritato per la perdita di tempo che gli ha causato.

Se un testo come questo giunge comunque alla pubblicazione, significa che è stato riscritto dal giornalista che per allungarlo o modificarlo può aver dato meno importanza a dei concetti che per l'addetto stampa era fondamentale diffondere sui media. Il risultato della pubblicazione può quindi essere raggiunto comunque ma nella prospettiva sbagliata e questo, a volte, può addirittura essere deleterio per la fonte della notizia.

Nel corso della mia esperienza lavorativa mi è capitato di ricoprire sia il ruolo di addetto stampa che quello di giornalista e posso tranquillamente affermare che buon ufficio stampa è quello che mette il giornalista in condizione di svolgere al meglio il proprio lavoro fornendo informazioni chiare, precise e tempestive.

SEGRETO n. 2: l'obiettivo di un addetto stampa è quello di far uscire una notizia sui mass media nel modo in cui ha scelto di presentarla.

Chiarezza e precisione sono fondamentali per far emergere un'opinione. Da giornalista, confesso che quando mi arrivano dei comunicati stampa imprecisi o incomprensibili, spesso clicco sul tasto "cancella" della mia posta e passo al successivo. E i miei colleghi fanno lo stesso. Nei capitoli seguenti vi spiegherò qualche piccolo trucco del mestiere, per evitare che ciò accada anche al vostro comunicato.

Come distinguere le diverse tipologie di uffici stampa

Come abbiamo accennato in precedenza esistono diverse tipologie di uffici stampa. Possono essere stabili, occasionali, formati da una o più persone, gestiti da società esterne. E anche gli ambiti di applicazione possono essere molteplici.

Necessita di un buon ufficio stampa chiunque abbia bisogno di far conoscere il proprio pensiero o decida di promuovere la propria immagine sui media, che sia un'azienda, un'istituzione pubblica, un politico, una compagnia teatrale, un comitato di cittadini, un sindacato.

SEGRETO n. 3: gli uffici stampa possono essere stabili o occasionali, gestiti da personale interno o esterno all'azienda.

Possiamo affermare che le caratteristiche e la composizione dell'ufficio stampa rispecchiano le esigenze della persona o dell'azienda che ricorre ai suoi servizi.

Gli uffici stampa stabili

Le aziende più o meno grandi hanno spesso una struttura fissa che opera al suo interno: fare una scelta di questo tipo assicura loro una continuità della comunicazione con l'esterno.

Nelle grandi realtà gli uffici stampa sono composti da più persone e troviamo quindi una divisione netta di ruoli e di competenze. C'è un coordinatore dell'ufficio, degli addetti stampa che si spartiscono il lavoro, del personale di segreteria.

Le grandi aziende investono sull'ufficio stampa per costruire una propria immagine all'esterno o per rafforzarne il prestigio. L'ufficio stampa opera traducendo in notizie interessanti per i media le informazioni che arrivano dall'interno dell'azienda e monitorando le strategie di comunicazione adottate dai concorrenti.

Pensate alla Rai, a Mediaset, alle aziende cinematografiche, ai grandi marchi commerciali, ai partiti, alle case di moda. Vi sarà sicuramente capitato di leggere dell'uscita di un nuovo film o vedere un servizio che parla delle sfilate milanesi. Che sia la promozione di un film, di una sfilata o di un prodotto, potete facilmente capire che le grandi realtà hanno bisogno di un ufficio stampa che nel corso del tempo promuova e monitori sulla stampa la loro attività.

Gli uffici stampa "stabili" delle PA

I Comuni, i Ministeri, le Asl e altri uffici pubblici sono dotati di un ufficio stampa perché hanno il dovere di informare i cittadini sul corretto svolgimento del loro operato e per aggiornarli su notizie di interesse comune.

In queste realtà possiamo considerare gli uffici stampa come "stabili" perché operano continuativamente nel tempo, ma dobbiamo precisare che i componenti non sono sempre gli stessi. Il personale dell'ufficio stampa è quasi sempre legato al vertice dell'amministrazione che come sappiamo è un carica elettiva. I cambi di amministrazione comportano quindi dei cambiamenti anche in parte del personale.

Gli uffici stampa occasionali

Esistono aziende o piccoli studi che per l'attività che svolgono hanno bisogno di comunicare con l'esterno solo saltuariamente, magari in occasione di eventi particolari. Potrebbe essere per il lancio di una nuova attività, una manifestazione organizzata a cadenza annuale, una mostra, una manifestazione, un concerto.

In questo caso, anziché a una struttura fissa, si può ricorrere ai servizi offerti dalle società di relazioni pubbliche che seguono diversi clienti lavorando anche occasionalmente per loro. Queste società organizzano conferenze stampa per conto dei loro clienti studiando l'evento nei minimi particolari, dall'individuazione della *location*, alla preparazione delle cartelle stampa. Ma non solo. Le società di relazioni pubbliche organizzano eventi, convegni, *workshop*, pianificano iniziative promozionali, realizzano progetti editoriali, organizzano e coordinano *focus group*, si occupano di formazione del personale.

Il campo di azione delle società di relazioni pubbliche può essere molto vasto, come diversa può essere la clientela: possono servire una casa vinicola che vuole promuovere un vino novello, ma anche un'associazione benefica che organizza una manifestazione.

Capita spesso però di incontrare società di relazione pubbliche che decidano di specializzarsi in un settore specifico, come può essere quello enogastronomico o quello dello spettacolo. Una scelta di questo tipo da un lato delimita l'ambito lavorativo, dall'altro lo perfeziona.

Le società di relazioni pubbliche nascono spesso dall'unione di due o più giornalisti che scelgono di unire le proprie forze per lavorare da liberi professionisti anziché da dipendenti. Questa è una sfida che si intraprende generalmente dopo anni di carriera, quando sono state ben apprese le regole del mondo della comunicazione e ci si è costruiti una base stabile di contatti all'interno delle varie redazioni.

Una precedente carriera lavorativa aiuta anche a stringere delle conoscenze che possono rivelarsi utili per trovare gli ingaggi lavorativi della società. La concorrenza nel settore della comunicazione è agguerrita, anche perché ci sono molti giornalisti che, lavorando da *freelance*, si prestano occasionalmente come addetti stampa e i loro servigi possono costare meno di quelli di una società.

Gli uffici stampa composti da una sola persona

Dell'ufficio stampa ha necessariamente bisogno un personaggio pubblico che vuole promuovere la sua immagine o che vuole crearne una. Un attore può essere seguito dall'ufficio stampa della sua casa di produzione, un politico può affidarsi all'ufficio stampa del suo partito, ma non è inusuale che personaggi come questi scelgano di dotarsi di un ufficio stampa personale.

Molti preferiscono infatti affidarsi a una persona che li segua in esclusiva anziché affidarsi a uffici stampa più grandi, ma che li seguono solo saltuariamente.

L'addetto stampa diventa per questi personaggi una persona di fiducia, che li segue fisicamente nei vari appuntamenti e svolge anche compiti di segreteria.

Le motivazioni che portano a una scelta di questo tipo possono essere varie e personali. Un politico alla sua prima carica elettiva può decidere di pagare un addetto stampa per conquistare più spazio sui media a discapito dei suoi avversari. Un politico il cui ruolo istituzionale è legato al territorio locale può scegliere di avere un addetto stampa che lo aiuti a radicare sempre di più la sua immagine all'interno del suo feudo elettorale.

Quando gli uffici stampa sono composti da una sola persona non esistono distinzioni di ruoli e capita spesso che l'addetto stampa svolga anche il ruolo di portavoce, di segretario, di consulente. La mole di lavoro può essere inferiore a quella dei grandi uffici stampa, ma seguire una persona da soli è comunque impegnativo perché le responsabilità non sono condivise. Non esistono poi orari di lavoro stabiliti e bisogna sempre assicurare la reperibilità. Non esistono festività, né settimane corte. Per molti diventa quindi una vera a propria scelta di vita.

L'ufficio stampa in enti pubblici o privati

In base alla legge 150 del 7 giugno 2000 possono lavorare all'interno degli uffici stampa delle pubbliche amministrazioni solo gli iscritti all'albo nazionale dei giornalisti.

La normativa sancisce quindi che la comunicazione istituzionale venga affidata e gestita da professionisti e questo è più che comprensibile visto che attraverso l'ufficio stampa avviene lo scambio di notizie tra istituzioni e cittadini: si concretizza cioè il diritto-dovere di informare ed essere informati.

SEGRETO n. 4: la legge 150/2000 regolamenta le attività di informazione e comunicazione delle pubbliche amministrazioni.

Secondo l'art. 9 comma 3 della normativa: "L'ufficio stampa è diretto da un coordinatore, che assume la qualifica di capo ufficio stampa, il quale, sulla base delle direttive impartite dall'organo di vertice dell'amministrazione, cura i collegamenti con gli organi di informazione, assicurando il massimo grado di trasparenza, chiarezza e tempestività delle comunicazioni da fornire nelle materie di interesse dell'amministrazione".

La normativa sancisce inoltre che per tutta la durata dell'incarico i giornalisti degli uffici stampa pubblici non possono esercitare attività professionali nei settori radiotelevisivo, del giornalismo, della stampa e delle relazioni pubbliche.

Tutti i giornalisti, anche quelli che lavorano negli uffici stampa privati, devono inoltre sottostare al codice deontologico dell'Ordine dei Giornalisti che regola eticamente la professione.

Come lavora con gli altri uffici dell'azienda

Quando lavoravo al Dipartimento per le Pari Opportunità della Presidenza del Consiglio dei Ministri, mi è capitato di ricevere delle richieste di informazioni molto specifiche a cui non ho saputo rispondere se non in linea di massima. In questi casi chiedevo al giornalista quali erano le sue scadenze di consegna, gli spiegavo che per dargli informazioni più precise avevo bisogno di raccogliere dei dati e mi impegnavo a richiamarlo il prima possibile.

Questa cosa accadeva di frequente con i giornalisti de "Il Sole 24 Ore", abituati ad approfondire in maniera dettagliata le notizie economiche e legislative. I comunicati stampa che inviavo erano per loro troppo generici, anche se per le altre redazioni andavano benissimo. Se il Ministro presentava un nuovo disegno di legge contattavano il nostro ufficio stampa per conoscerne tutti i cavilli poiché una descrizione di massima non era adatta al *target* del giornale.

Per aiutarli a recuperare tutte le informazioni di cui necessitavano, a volte inviavo loro il testo del nuovo disegno di legge oppure chiedevo ulteriori indicazioni all'ufficio legislativo che lo aveva studiato.

A volte però, mi rendevo conto che la mia intermediazione non era sufficiente perché solo un tecnico avrebbe potuto rispondere correttamente ad alcuni quesiti. In questi casi mi accordavo con il capo dell'ufficio legislativo (o con una persona la lui indicata) e gli fissavo un appuntamento telefonico con il giornalista.

SEGRETO n. 5: i comunicati stampa vengono spesso impostati in modo che la notizia sia chiara e comprensibile a un pubblico generico, ma la stampa di settore ha bisogno di informazioni più approfondite. Ad alcune specifiche richieste può rispondere solo una persona qualificata che l'ufficio stampa individua all'interno dell'azienda.

Noi addetti all'ufficio stampa lavoravamo di concerto non solo con l'ufficio legislativo, ma anche con tutti gli altri uffici del Dipartimento. Se veniva approvata la richiesta di un patrocinio, il Gabinetto del Ministro ci informava per far girare la notizia sui media. Se veniva organizzato un convegno, dalla Segreteria ci inviavano gli atti per darne notizia. Lo stesso facevano quando il Ministro era invitato a presenziare a un evento. Se qualche ufficio o commissione realizzava una pubblicazione o una ricerca ne davamo notizia sui media.

Il lavoro dell'ufficio stampa è quindi strettamente connesso con quello degli altrui uffici. Tra tutti i rami dell'azienda vi è uno scambio costante e continuo di informazioni. Questo assicura il corretto svolgimento della vita lavorativa all'interno dell'ente e una trasparenza della comunicazione verso l'esterno.

Tale meccanismo è palese in settori particolari, come quello politico o istituzionale. Tutto ciò che viene fatto, ogni piccola conquista o presa di posizione, deve essere fatta conoscere all'esterno. L'ufficio stampa diventa quindi il filtro attraverso cui tutto passa e il perno dell'organizzazione nei periodi più frenetici e delicati come possono essere le campagne elettorali.

All'interno delle aziende l'ufficio stampa collabora con gli altri uffici anche per quanto riguarda la comunicazione interna. Diffonde cioè dati e informazioni a un pubblico di collaboratori o di dipendenti dell'organizzazione.

La comunicazione interna è molto importante perché condividere delle informazioni aumenta tra i dipendenti il senso di appartenenza alla struttura per cui lavorano e può aiutare l'ente a raggiungere elevati livelli di efficienza ed efficacia. Proprio per questo alcune aziende scelgono di realizzare sul proprio sito Internet delle pagine riservate a cui possono accedere solo i dipendenti. Ad aggiornarle quotidianamente sono le persone che, all'interno dell'Ente, si occupano di comunicazione, cioè gli addetti stampa.

L'ufficio stampa ha inoltre il compito di creare una memoria storica dell'azienda, un archivio in cui vengono raccolti e organizzati tutti i documenti di interesse per l'attività della società o inerenti ad essa. L'archivio può essere suddiviso in diversi formati: telematico, cartaceo, fotografico e multimediale.

Il materiale raccolto è a disposizione anche degli altri uffici che per usufruirne devono presentare un'esplicita richiesta all'ufficio stampa. Gli addetti stampa monitorano ogni uscita e si assicurano che il materiale originale non vada perso.

Per concludere possiamo generalizzare dicendo che l'ufficio all'interno di un'azienda si occupa di tutto ciò che riguarda la parola o la scrittura e offre la sua consulenza su piani pubblicitari o di marketing.

RIEPILOGO DEL CAPITOLO 1:

- SEGRETO n. 1: l'ufficio stampa svolge molteplici attività: cura la rassegna stampa quotidiana, organizza conferenze stampa, programma, promuove e pianifica eventi, progetta strategie di comunicazione interna ed esterna.
- SEGRETO n. 2: l'obiettivo di un addetto stampa è quello di far uscire una notizia sui mass media nel modo in cui ha scelto di presentarla.
- SEGRETO n. 3: gli uffici stampa possono essere stabili o occasionali, gestiti da personale interno o esterno all'azienda.
- SEGRETO n. 4: la legge 150/2000 regolamenta le attività di informazione e comunicazione delle pubbliche amministrazioni.
- SEGRETO n. 5: i comunicati stampa vengono spesso impostati in modo che la notizia sia chiara e comprensibile a un pubblico generico, ma la stampa di settore ha bisogno di informazioni più approfondite. Ad alcune specifiche richieste può rispondere solo una persona qualificata che l'ufficio stampa individua all'interno dell'azienda.

CAPITOLO 2:
Come è strutturato un ufficio stampa: chi può lavorarci, quali sono ruoli, incarichi e competenze

Ogni ufficio è strutturato in base a un organigramma che nella sua logica deve facilitare la suddivisione dei compiti e semplificare le attività da svolgere. Questo si rende necessario nelle grandi realtà perché in quelle più piccole, come abbiamo accennato nel capitolo precedente, l'ufficio stampa è spesso composto da una sola persona che per necessità ricopre in se stessa tutti i ruoli e svolge tutte le mansioni.

Nelle aziende più grandi possiamo quindi trovare una divisione netta tra incarichi e competenze. Avremo quindi un responsabile (il "capo ufficio stampa") e del personale che segue le sue direttive: gli "addetti stampa" e la "segreteria".

Analizzeremo di seguito queste varie figure, partendo da quella del "portavoce" che per le sue particolarità merita un discorso a parte.

SEGRETO n. 6: negli uffici stampa composti da più persone ruoli e mansioni sono ben distinti. Il capo ufficio dirige e coordina gli addetti stampa e la segreteria.

Il portavoce

Questa figura professionale è stata legittimata dalla legge 150/2000 che nell'Art.7 stabilisce che "L'organo di vertice dell'amministrazione pubblica può essere coadiuvato da un portavoce, anche esterno all'amministrazione, con compiti di diretta collaborazione ai fini dei rapporti di carattere politico-istituzionale con gli organi di informazione. Il portavoce, incaricato dal medesimo organo, non può, per tutta la durata del relativo incarico, esercitare attività nei settori radiotelevisivo, del giornalismo, della stampa e delle relazioni pubbliche".

La normativa quindi non stabilisce quali debbano essere i requisiti e il percorso formativo del portavoce, ma lascia agli organi di vertice dell'amministrazione la facoltà di scegliere chi vogliono.

Chiunque insomma può diventare portavoce se legato da un rapporto fiduciario con la persona al vertice dell'amministrazione.

Facciamo un esempio. Viene eletto un nuovo Presidente della Regione Liguria. Il Presidente sceglie come suo portavoce il signor Marco Bianchi che magari conosce da tempo o che ritiene, avendolo visto lavorare, sia la persona più adatta a riportare il suo pensiero. Spesso, viste le mansioni che deve svolgere, la scelta del portavoce ricade su un giornalista che il politico ha avuto modo di conoscere e apprezzare durante la sua carriera. Magari è una persona che proviene dalla sua stessa città e conosce bene il suo feudo elettorale. Magari è semplicemente una persona di cui si fida.

SEGRETO n. 7: il portavoce è legato alla persona per cui lavora da uno stretto rapporto fiduciario. Se la fiducia viene meno, l'organo di vertice dell'amministrazione può disporre che la collaborazione abbia fine immediatamente.

Per porre fine a un rapporto lavorativo di questo tipo basta quindi che il vertice dell'amministrazione dichiari decaduto il rapporto fiduciario che lo lega alla persona in questione. È chiaro, con questi presupposti, che la durata dell'incarico di portavoce sia legata alla durata del mandato della persona che rappresenta. Si tratta quindi di un lavoro a tempo determinato che può finire da un giorno all'altro se il Presidente della Regione Liguria si dimette, decade o se non viene rieletto.

Forse è proprio per questo motivo, e per i ritmi stressanti e frenetici a cui sono sottoposti, che in genere i portavoce sono molto ben pagati.

Il capo ufficio stampa

È un giornalista professionista o pubblicista che organizza, dirige e coordina l'ufficio. Il capo ufficio stampa è la persona che trasforma in notizia ciò che accade all'interno dell'azienda, rielaborando gli avvenimenti per renderli interessanti al mondo mediatico. Cura quindi i rapporti con gli organi di informazione rispettando i principi di chiarezza, trasparenza e tempestività delle comunicazioni e rappresenta un punto di riferimento sia per i suoi sottoposti che per i giornalisti dei media nazionali e locali.

Da questa definizione, e anche in base a quella della legge 150/2000 che abbiamo riportato nel precedente paragrafo, si evince che le competenze del capo ufficio stampa e quelle del portavoce sono molto simili, se non le stesse. Entrambi sono inoltre legati al vertice dell'amministrazione da un rapporto fiduciario.

SEGRETO n. 8: poiché le competenze di queste figure professionali sono simili, capita spesso che sia la stessa persona a ricoprire sia il ruolo di portavoce che di capo ufficio stampa.

Quando questo non avviene si creano spesso delle sovrapposizioni, anche perché gli addetti stampa e il personale di segreteria devono rispondere a entrambi. È opportuno, in questi casi, definire di comune accordo compiti e responsabilità al fine di evitare inutili sovrapposizioni e rendere più agevole ed efficiente il lavoro di tutte le persone che compongono l'ufficio.

Se il capo ufficio stampa viene assunto all'interno di una amministrazione la durata del suo incarico è a tempo determinato e non può essere superiore a quella del mandato amministrativo. Un successivo contratto di natura privatistica può dare continuità al rapporto lavorativo se la persona al vertice viene rieletta e decide di rinnovarlo.

La *routine* lavorativa del capo ufficio stampa è di frequente modificata dai numerosi imprevisti che fanno parte del mestiere. La giornata inizia con la lettura dei giornali, per essere sempre aggiornato e per controllare se siano stati pubblicati eventuali comunicati stampa inviati il giorno precedente. Se le notizie diffuse non sono state pubblicate il capo ufficio stampa può decidere di mettere in atto nuove strategie che possano portare alla pubblicazione, come prendere nuovi accordi con le varie testate oppure scrivere un nuovo comunicato sullo stesso argomento, ampliandone il contenuto o modificandone il punto di vista.

Il capo ufficio stampa decide, in base all'agenda del giorno, quali siano le riunioni, le commissioni, gli incontri o i convegni da seguire e quale debba essere il taglio giornalistico da dare agli eventi scelti per facilitarne la pubblicazione.

I responsabili degli altri uffici dell'azienda inviano al capo dell'ufficio stampa gli atti, i documenti o le delibere dei loro settori di competenza. Il capo ufficio stampa li riscrive in taglio giornalistico trasformandoli in comunicati stampa e li inoltra alle redazioni.

Il capo ufficio stampa è il responsabile dell'organizzazione delle conferenze stampa. È compito suo assicurarsi che l'evento sia studiato nei minimi particolari e a tal fine dirige e coordina il lavoro degli addetti stampa.

Se nell'ente esiste una rivista aziendale, il capo ufficio stampa assume la qualifica di responsabile delle pubblicazioni svolgendo una vera a propria attività redazionale, dalla scelta dei testi a quella delle fotografie.

Se non esiste un settore distaccato che se ne occupi, il capo ufficio stampa è anche responsabile delle newsletter che vengono redatte e anche dei contenuti del sito aziendale.

L'addetto stampa

Lavora seguendo le direttive del capo ufficio stampa e del portavoce, a meno che non sia l'unica persona a occuparsi dei rapporti con i media per conto di un politico, un personaggio o una piccola azienda.

L'addetto stampa svolge numerose attività: lavora per aumentare la visibilità di un evento, per promuovere un'istanza, per far conoscere un punto di vista. Cura i rapporti con i mass media, organizza, gestisce e aggiorna le *mailing list* con i nominativi dei giornalisti, cura i resoconti di riunioni e conferenze, raccoglie materiale di interesse, gestisce l'archivio.

Chi sceglie di fare questo mestiere deve essere in grado di fare più cose contemporaneamente, assicurando precisione e tempestività nelle comunicazioni.

Fax, telefono, cellulare, email, scadenze lavorative da rispettare e un occhio sempre fisso alle agenzie che scorrono sullo schermo del pc. Come il giornalista, l'addetto stampa è soggetto a imprevisti dell'ultimo momento e se vuole ottenere dei risultati concreti deve rispettare le tempistiche dei vari organi di informazione. È un lavoro soggetto a orari flessibili e non definiti.

SEGRETO n. 9: il lavoro dell'addetto stampa è affascinante ma frenetico. Imparare a gestire lo stress è fondamentale: organizzare metodicamente il lavoro può essere d'aiuto.

Il lavoro dell'addetto stampa inizia di buon'ora. Compone la rassegna stampa e legge i quotidiani per essere informato nel settore di sua competenza. È lui che consegna la rassegna al capo ufficio stampa e lo aggiorna sulle ultime notizie che monitora in tempo reale sulle agenzie di stampa.

L'addetto stampa redige testi e comunicati, contatta gli organi di informazione, organizza le conferenze stampa curandone tutti i particolari, dagli inviti alla cartella stampa. Lavora spesso sotto stress e con orari flessibili e nei giorni festivi. Per svolgere al meglio i suoi compiti deve essere capace di sfruttare al massimo le potenzialità delle nuove tecnologie informatiche e deve essere pronto a gestire le emergenze.

Per un addetto stampa è indispensabile avere ottime doti relazionali e di mediazione, necessarie a mantenere e gestire i contatti con gli organi di informazione. Per svolgere bene il suo lavoro deve essere infatti capace, nel corso del tempo, di costruire e mantenere dei buoni rapporti personali con i giornalisti.

Disponibilità, cortesia, professionalità, versatilità e capacità di mediazione sono qualità che completano il profilo di un ottimo addetto stampa.

La segreteria

Come abbiamo accennato sopra, negli uffici stampa pubblici possono lavorare come portavoce, capo ufficio stampa e addetti stampa dei giornalisti esterni alla pubblica amministrazione che vengono reclutati per svolgere il proprio lavoro limitatamente alla durata del mandato della persona che li sceglie.

Un Ministro, ad esempio, può chiamare a lavorare all'interno degli uffici del suo dicastero un certo numero di collaboratori di sua fiducia che magari lo hanno assistito in precedenza e sui quali può fare pieno affidamento. Queste persone vengono assunte con contratti di carattere privatistico e possono essere rimosse anche da un giorno all'altro.

Al loro fianco però, in base a delle proporzioni di numero stabilite dalle varie amministrazioni, devono lavorare anche dei dipendenti pubblici. Quando questi vengono inseriti all'interno degli uffici stampa, ricoprono generalmente il ruolo di addetti alla segreteria.

SEGRETO n. 10: la segreteria è il primo filtro che si incontra contattando l'ufficio. Smista le telefonate in ordine temporale e di importanza, mette in collegamento i giornalisti con gli addetti stampa e si occupa di evadere le altre richieste.

Gli addetti alla segreteria rispondono al telefono, distribuiscono fisicamente le varie copie della rassegna stampa, collaborano alla gestione dell'archivio, si assicurano che non venga mai a mancare il materiale necessario al corretto svolgimento del lavoro dell'ufficio e che tutte le apparecchiature funzionino correttamente.

Per esperienza personale posso dire che per lavorare all'interno di un ufficio pubblico è necessario che questo sia composto anche da personale dipendente dell'amministrazione. Avere in stanza qualcuno che conosce il corretto funzionamento della macchina pubblica è fondamentale per collaborare con gli altri uffici e per sapere come muoversi per portare a buon fine le varie richieste.

Considerate che gli addetti stampa e il portavoce provengono da realtà lavorative completamente diverse e devono confrontarsi con rigidi protocolli e procedimenti. Senza i dipendenti pubblici sarebbe un problema anche ottenere una fornitura di matite, visti i vari uffici che si devono contattare per qualsiasi richiesta. È bene quindi affidarsi a qualcuno che conosca il sistema e sappia come muoversi al suo interno.

RIEPILOGO DEL CAPITOLO 2:

- SEGRETO n. 6: negli uffici stampa composti da più persone ruoli e mansioni sono ben distinti. Il capo ufficio dirige e coordina gli addetti stampa e la segreteria.
- SEGRETO n. 7: il portavoce è legato alla persona per cui lavora da uno stretto rapporto fiduciario. Se la fiducia viene meno, l'organo di vertice dell'amministrazione può disporre che la collaborazione abbia fine immediatamente.
- SEGRETO n. 8: poiché le competenze di queste figure professionali sono simili, capita spesso che sia la stessa persona a ricoprire sia il ruolo di portavoce che di capo ufficio stampa.
- SEGRETO n. 9: il lavoro dell'addetto stampa è affascinante ma frenetico. Imparare a gestire lo stress è fondamentale: organizzare metodicamente il lavoro può essere d'aiuto.
- SEGRETO n. 10: la segreteria è il primo filtro che si incontra contattando l'ufficio. Smista le telefonate in ordine temporale e di importanza, mette in collegamento i giornalisti con gli addetti stampa e si occupa di evadere le altre richieste.

CAPITOLO 3:
Come organizzare un ufficio stampa e qualche piccolo trucco per rendere il lavoro più semplice

Per lavorare bene e per rispondere alle varie richieste nel modo più veloce e preciso possibile, ogni ufficio ha bisogno di essere organizzato in modo efficiente.

Nel corso di questo capitolo parleremo di quelli che sono gli strumenti necessari e indispensabili per svolgere praticamente il lavoro. Mi riferisco al materiale e alla strumentazione, ma anche alle attitudini e all'immagine che un addetto stampa deve coltivare per accattivarsi i favori dei giornalisti.

Ricordate che il lavoro dell'ufficio stampa consiste nel diffondere le notizie nel modo migliore possibile affinché i media le riprendano. E l'impresa non è semplice perché i giornalisti sono bersagliati ogni giorno da decine di addetti stampa e lo spazio che hanno a disposizione per il loro pezzo è spesso limitato.

SEGRETO n. 11: quando proponete una notizia, il primo obiettivo è quello di farvi ascoltare. Dovete parlare con la persona giusta, attraverso il giusto mezzo, nel modo più preciso possibile.

Quando vi proponete, soprattutto se contattate redazioni che non conoscete, sono i piccoli dettagli a fare la differenza. Per prima cosa dovete considerare che avete poco tempo a disposizione, giusto qualche minuto, perché all'interno delle redazioni vanno tutti di corsa. Vi ascolteranno se sarete concisi, professionali, decisi e se li metterete in condizione di lavorare facilmente fornendo loro tutto il materiale di cui hanno bisogno.

In poche battute dovete fornire le informazioni necessarie senza impappinarvi e assumendo un tono di voce calmo e deciso per trasmettere decisione e professionalità. Il tutto condito da modi cortesi e educati. Dovete dare l'impressione di avere piena padronanza dell'argomento: mai ripetere frasi a memoria e niente panico se il giornalista dall'altra parte del filo vi pone qualche domanda. Siete due professionisti che si confrontano e che collaborano per svolgere al meglio il proprio lavoro.

Come organizzare l'ufficio: strumenti pratici di lavoro

Strumenti indispensabili di lavoro sono il computer collegato alle agenzie di stampa, il fax, lo scanner, il telefono fisso e mobile, la fotocopiatrice, il televisore, il videoregistratore.

Il computer è necessario per scrivere i testi, inviare i comunicati, creare un archivio telematico, fare delle ricerche sul web e per controllare le agenzie di stampa. Sarebbe consigliabile mettere in rete i vari computer dell'ufficio stampa per creare delle cartelle condivise a disposizione di tutti i componenti dell'ufficio.

Almeno uno dei pc deve invece essere collegato a uno scanner per trasformare in file i documenti che abbiamo in formato cartaceo. Lo scanner può essere utile per creare, ad esempio, un archivio telematico degli articoli pubblicati sulla stampa.

Solo pochi anni fa i comunicati stampa venivano ancora inviati alle redazioni tramite il fax. Oggi, grazie al cielo, si lavora principalmente attraverso le email e il fax viene utilizzato solo per trasmettere o ricevere documenti che abbiamo a disposizione solo in formato cartaceo. Del fax non possiamo comunque fare a meno perché potrebbe tornarci utile anche in caso di un guasto tecnico, che dipenda da noi o dal nostro interlocutore.

Il cellulare è ormai di uso comune e per gli addetti stampa significa reperibilità. È molto utile soprattutto quando si lavora in esterno, sul luogo di una conferenza stampa o nel corso di un evento. Talvolta le aziende dotano i propri collaboratori di cellulari di ultima generazione, con relativo collegamento a Internet. Per un addetto stampa significa poter lavorare rispettando il principio della tempestività: può inviare file o riceverli anche se si trova a lavorare in esterno.

Facciamo un esempio. Si riunisce una commissione parlamentare per discutere sull'approvazione o meno di un importante disegno di legge. All'esterno dell'aula si riuniscono i giornalisti di varie testate. Il presidente della commissione o i primi membri che escono dall'aula in cui si riuniscono vengono assaltati dai giornalisti per sapere cosa sia successo e rilasciano delle dichiarazioni.

I giornalisti delle agenzie scrivono sul taccuino la dichiarazione o la registrano e successivamente la rielaborano e la trasmettono in redazione. Per andare in rete serve quindi del tempo.

Uno dei componenti della commissione ha deciso di portare con sé il suo addetto stampa. Anche se non viene intervistato all'uscita dall'aula il suo addetto stampa scrive velocemente una dichiarazione con il pc portatile o con il telefonino e la invia alle varie agenzie di stampa. La dichiarazione può essere messa in rete prima di quelle degli altri e può essere ripresa dalle varie testate anche se nessun giornalista presente ha intervistato il politico in questione. Questo perché a volte la tempestività può essere determinante.

In ogni ufficio che si rispetti non può mancare una linea telefonica fissa che rimane quella più usata. Il telefono fisso deve essere posizionato sulla scrivania, vicino al pc per consentire all'addetto stampa di parlare mentre digita sulla tastiera o mentre controlla le agenzie.

La fotocopiatrice è utile per comporre la rassegna stampa e per farne varie copie da destinare agli altri uffici dell'azienda. La rassegna è composta esclusivamente di fogli formato A4 e la fotocopiatrice è utile per ridurre articoli o ingrandire trafiletti.

Negli uffici stampa è sempre presente almeno un televisore che serve per monitorare i telegiornali o le varie apparizioni televisive della persona seguita. Il videoregistratore è utile per registrare i Tg notturni o gli interventi che ci interessano. Anche i servizi televisivi entrano a far pare della rassegna stampa e sono comunque conservati nell'archivio dell'ufficio. Nel corso della campagne elettorali monitorare i Tg è utile anche per assicurarsi che venga data visibilità al proprio candidato e per sapere se viene rispettata la *par condicio*.

Un consiglio. Se dovete scegliere di acquistare due videoregistratori per metterli nella stessa stanza assicuratevi che siano di marca e modello differenti. Nel 2001, quando lavoravo nell'ufficio stampa di uno dei principali candidati alla carica di Sindaco di Roma, avevamo due videoregistratori identici nella stessa stanza e non potevamo usare il telecomando per registrare perché partivano entrambi! Il problema, in periodi caldi come sono le campagne elettorali, è che a volte bisogna monitorare due o più telegiornali che vanno in onda nello stesso orario. Visto il piccolo inconveniente dei due videoregistratori uguali eravamo costretti a mettere due persone diverse davanti alla base per far partire manualmente la registrazione, mentre questo lavoro, con due telecomandi diversi in mano, può essere tranquillamente svolto da una sola persona.

La giusta strumentazione è utile per evitare inutili sprechi di risorse. A questo bisogna aggiungere l'organizzazione personale. All'interno di un ufficio stampa si vengono inevitabilmente a creare dei momenti frenetici in cui il telefono non smette davvero mai di squillare e sembra che le richieste arrivino tutte insieme.

Per evitare di creare confusione vi consiglio di stampare dei fogli precompilati per le telefonate dove inserire la data, il nome e la testata del giornalista che telefona, il motivo della chiamata e i suoi recapiti. Sembra una cosa da poco, ma non è così. In questo modo è possibile ordinare le richieste in ordine di tempo e di importanza e avere una memoria storica delle chiamate. Sono anche le piccole cose che aiutano il lavoro. Insomma, qualsiasi cosa ci aiuti e ci alleggerisca è la benvenuta.

Ogni ufficio stampa deve poi necessariamente avere della carta intestata con lo stemma dell'azienda o del partito in alto. Un comunicato inviato su carta intestata significa due cose: riconoscibilità e professionalità. L'ufficio stampa di una Pubblica Amministrazione non invierà mai un comunicato su carta semplice. Il logo viene associato visivamente all'istituzione e il giornalista che legge il testo è sicuro della fonte da cui proviene.

SEGRETO n. 12: per svolgere praticamente il lavoro di ufficio stampa abbiamo bisogno di: computer, fax, telefono, cellulare, televisore, videoregistratore, fogli precompilati per organizzare le telefonate, carta intestata.

Come gestire l'archivio

L'archivio in genere contiene copia di tutte le rassegne stampa ordinate in ordine cronologico e i vari documenti inerenti l'attività dell'ufficio. Può essere in parte telematico, in parte multimediale e in parte cartaceo.

È consigliabile catalogare i documenti definendo un ordine chiaro a tutti i componenti dell'ufficio. Si può definire una sistemazione cronologica dei documenti, ordinando il materiale in appositi raccoglitori con intestazione esterna, o in cartelle che abbiano nomi chiari che aiutino a individuarne velocemente il contenuto.

In un archivio ben gestito tutto deve essere individuato velocemente.

Capita spesso di dover recuperare nel giro di poco tempo un documento o un articolo inserito nella rassegna stampa per scrivere un discorso o per avere dei dati di riferimento per la stesura di un testo.

SEGRETO n. 13: ogni ufficio stampa necessita di un archivio telematico o cartaceo. Se abbiamo ben organizzato il nostro archivio troveremo velocemente ciò di cui abbiamo bisogno.

Il portavoce può richiedere un articolo uscito qualche mese prima dove si ricorda che erano stati inseriti dei dati statistici o delle dichiarazioni di un avversario politico. Come possiamo trovare velocemente un articolo se ci accorgiamo di non averlo inserito in archivio?

Ecco un altro piccolo trucco. Sappiamo che l'archivio contiene copia di tutte le rassegne stampa. Una rassegna stampa professionale è sempre preceduta da un sommario dove viene indicato il nome della testata, il titolo dell'articolo e il nome del giornalista che l'ha scritto. Questi sono già degli elementi che possono rivelarsi utili per la ricerca. Se salviamo i sommari in una cartella del computer sarà più semplice e veloce trovare l'articolo di cui abbiamo bisogno.

Possiamo utilizzare lo stesso sistema per catalogare i documenti cartacei che inseriamo nei raccoglitori suddivisi per argomenti. Un sommario inserito nella prima pagina ci aiuterà a individuare velocemente tutto ciò che è contenuto nel faldone. Anche per l'archivio multimediale possiamo creare un elenco dove inserire tutte le registrazioni e i video che abbiamo a disposizione.

Nell'archivio dell'ufficio stampa di un politico oltre alle rassegne troveremo le sue proposte di legge, le statistiche che riguardano il suo partito, i dati e le notizie inerenti alle battaglie che porta avanti. Le statistiche possono essere raccolte sia dalle fonti ufficiali, come i Ministeri o l'Istat, sia dai giornali. Spesso i politici nei loro discorsi vi fanno riferimento citandone la fonte. Quando componiamo il nostro archivio dobbiamo sostituire le statistiche vecchie con quelle nuove se il quadro di riferimento è lo stesso.

Compito dell'addetto stampa è quello di assicurarsi che l'archivio sia sempre aggiornato. Ogni dato utile va inserito e catalogato, ogni documento originale che esce o che viene richiesto dagli altri uffici deve essere registrato e deve necessariamente essere restituito. I dati statistici vanno sostituiti se vengono aggiornati o se escono nuovi studi.

Un esempio vi chiarirà meglio l'importanza dell'archivio. Se il portavoce del sottosegretario X deve scrivere un discorso sulla diminuzione della criminalità nel nostro Paese, chiederà all'addetto stampa di recuperare dei dati a riguardo. Se stiamo parlando di un argomento che rientra nelle competenze del sottosegretario è facile che il nostro archivio contenga i dati di cui abbiamo bisogno. Se non li abbiamo o se ci accorgiamo che non sono aggiornati dobbiamo recuperarli contattando prima di tutti le fonti ufficiali. In questo caso chiameremo i colleghi dell'ufficio stampa del Ministero dell'Interno e inseriremo copia dei dati aggiornati nel nostro archivio.

È importante svolgere questo compito con la massima attenzione. Fornendo dati non aggiornati o incompleti corriamo il rischio che il sottosegretario pronunci un discorso non corretto che potrebbe danneggiare la sua immagine e farci perdere il posto. Controllate sempre l'esattezza dei dati in archivio!

Come utilizzare al meglio il programma delle agenzie di stampa

La pagina delle agenzie deve essere sempre aperta, non solo per monitorare se e quando escono i comunicati che inviamo, ma anche per sapere cosa accade nel nostro settore di interesse.

SEGRETO n. 13: per monitorare le agenzie di stampa esistono dei programmi particolari, come Telpress, che consentono di fare delle ricerche e di inserire delle parole chiave associate a suoni e colori per segnalare le notizie.

Si tratta di collegamenti a pagamento che vengono utilizzati da tutti i professionisti della comunicazione. Questi programmi consentono di inserire delle "parole chiave" a nostra scelta per evidenziare con dei suoni o con dei colori le agenzie di nostro interesse. Ogni volta che viene mandata in rete un'agenzia che contiene una delle parole chiave inserite nel programma, un suono o un colore richiamano l'attenzione e si apre una finestra che raccoglie tutte le agenzie segnalate. Grazie a questo sistema, anche allontanandosi dal pc si possono rileggere tutte le agenzie uscite dopo l'ultima che abbiamo letto.

Se lavorassi nell'ufficio stampa di un'associazione dei consumatori inserirei come parole chiave il nome dell'associazione, il nome del presidente, le parole risparmio, consumo, consumatori, prezzi, spese ecc. È chiaro che tra quelle segnalate usciranno anche agenzie di cui non ci importa assolutamente nulla, ma che contengono una delle parole che abbiamo indicato. Se avete inserito il cognome di una persona è facile che ci siano casi di omonimia. È sempre compito dell'addetto stampa procedere a una selezione delle notizie uscite.

Monitorare le agenzie è sempre importante, ma lo è

particolarmente nel corso delle campagne elettorali in cui i candidati si scontrano spesso a suon di battute proprio attraverso i comunicati stampa. Le accuse e le repliche vengono riportate dalle agenzie di stampa e in base a queste i giornalisti compongono gli articoli che escono sui giornali il giorno successivo.

In molti casi, in base a dichiarazioni o avvenimenti esterni è necessario replicare per assumere delle posizioni o per fornire delle precisazioni. Una replica mancata può essere un punto a sfavore per uno dei candidati e per cadere in questo errore basta che sfugga un solo lancio di agenzia.

Anche le battaglie politiche vengono combattute dai diversi schieramenti sulle agenzie di stampa. Il Parlamento non è solo il luogo dello scontro e del confronto, ma è anche l'arena virtuale.

Come organizzare gli indirizzi email

Inviare un comunicato via email significa raggiungere in poco tempo più destinatari e facilitare il lavoro dei giornalisti che con un semplice copia e incolla possono lavorare sul testo.

Utilizzando programmi di posta elettronica come Outlook, è possibile dividere gli indirizzi email in gruppi. Questo è utile per scegliere i destinatari del comunicato stampa. Si possono ad esempio dividere i contatti in "nazionale", "cronaca di Roma", "sport" ecc., a seconda del settore di competenza dei vari giornalisti. All'interno della cartella "cronaca di Roma" inseriremo quindi tutti gli indirizzi email dei giornalisti che scrivono per le pagine della cronaca di Roma o che lavorano nelle redazioni televisive o radiofoniche cittadine.

All'interno delle cartelle possiamo poi attuare un'ulteriore distinzione per individuare velocemente le testate di riferimento dei nostri contatti. Questo lo facciamo aggiungendo a fianco del nome del giornalista la testata per cui lavora e il settore di competenza.

Esempio: Biagi, Repubblica, politico e di seguito la mail.

Dal nome del contatto individuo il giornalista Biagi che lavora per la redazione del politico del quotidiano La Repubblica.

Oppure: Neri, Asca, spettacolo.

Il giornalista Neri che scrive per l'agenzia Asca e si occupa di spettacolo.

Questo metodo per catalogare gli indirizzi email è quello che ho sempre usato io perché è quello che mi è stato insegnato e con cui ho preso confidenza. Non si tratta quindi di un sistema condiviso, ma è solo un suggerimento che vi porgo. Ogni addetto stampa deve individuare il proprio sistema di catalogazione. A voi il compito di individuare il vostro. Ricordate però di aggiornare sempre gli indirizzi email per rimanere al passo con i frequenti cambi di redazione dei giornalisti.

Come e perché creare una mail generale dell'ufficio

Gli addetti stampa inviano per lavoro moltissime email. Nella stessa giornata può capitare di inviare anche quattro o cinque comunicati stampa.

L'indirizzo email è la prima cosa che il giornalista legge aprendo la sua casella di posta. Se riconosce nel mittente una persona che conosce bene o con cui ha un rapporto lavorativo stabile, aprirà sicuramente il messaggio per leggerlo. L'indirizzo email consente al giornalista che riceve il comunicato di riconoscere velocemente il mittente e capire da quale ufficio proviene il messaggio.

SEGRETO n. 14: ogni ufficio stampa deve avere una mail personalizzata che sia immediatamente riconoscibile dal destinatario. Di norma viene creata una mail "generale", visibile da tutti i componenti dell'ufficio e delle mail personalizzate per i singoli.

L'indirizzo email generale è quello più pubblicizzato, che viene di solito inserito sul sito Internet e che tutti i componenti dell'ufficio possono controllare. La mail generale è molto importante perché rappresenta un punto di riferimento per tutti coloro che vogliono rapportarsi con l'ufficio.

La mail generale dell'ufficio stampa della Provincia di Milano potrebbe essere: ufficiostampa@provinciamilano.it.

Questo indirizzo di posta, essendo visibile a tutti, riceve anche moltissime email che nulla hanno a che fare con l'attività dell'ufficio stampa, anche perché non tutte le persone che consultano il sito Internet di un'azienda hanno ben chiara la distinzione dei vari settori e non sapendo quale sia il lavoro svolto dall'ufficio stampa lo confondono con l'ufficio relazioni con il pubblico. La persona che controlla questo indirizzo di posta deve quindi operare una selezione dei messaggi arrivati e deve smistare le varie richieste rigirandole, se necessario, ai vari uffici competenti.

Personalmente ritengo che sia corretto adoperarsi per dare una risposta a tutte le richieste che arrivano, soprattutto se si lavora nel settore pubblico.

Ci sono dei casi in cui la mail generale è l'unico indirizzo di posta dell'ufficio e non vengono create delle mail personali. Questo avviene ad esempio quando un addetto stampa segue da solo più persone, come avviene per i gruppi politici all'interno delle assemblee elettive. L'indirizzo email creato identifica la coalizione di appartenenza.

Esempio di due gruppi comunali facilmente identificabili dall'indirizzo:

- ufficiostampapdlroma@gmail.com;
- ufficiostpdnapoli@hotmail.com.

Dalla prima mail partiranno tutti i comunicati dei membri del Pdl del consiglio comunale di Roma, dalla seconda mail partiranno invece le dichiarazioni dei componenti del gruppo del Pd del comune di Napoli.

In casi come questo usare una mail generale agevola il lavoro dell'addetto stampa il cui nome viene associato a un gruppo di persone che può anche essere numeroso.

Come utilizzare la propria mail personale

Quando lavorano all'interno di un ufficio composto da più persone, gli addetti stampa lavorano utilizzando delle email personali. L'indirizzo di posta contiene nome e cognome della persona che lo usa o anche solo il cognome. In ogni mail personale è opportuno inserire una firma digitale nel corpo del messaggio dove devono essere indicati i dati e i recapiti del mittente.

Esempio. La mail personale dell'addetto stampa Daniele Rossi che lavora alla Provincia di Milano, potrebbe essere: d.rossi@provinciamilano.it

La firma nel corpo del messaggio potrebbe invece essere:
Daniele Rossi
Addetto stampa Presidente della Provincia di Milano
Via vivaio n.1
20122 Milano
Tel: 02.774…
Cell: 333.033123333
d.rossi@provinciamilano.it
ufficiostampa@provinciamilano.it

Come avete notato ho inserito nella firma anche l'indirizzo email del mittente che è comunque rintracciabile nel messaggio. Questo è un piccolo trucco: i giornalisti scrivono spesso lottando contro il tempo, se mettiamo loro sotto il naso i nostri riferimenti completi di ogni dettaglio non dovranno perdere tempo a cercare ciò di cui hanno bisogno. Il nostro compito è facilitare il loro lavoro.

SEGRETO n. 15: nel corpo del messaggio deve sempre essere inserita una firma con i recapiti del mittente. Questo rende il lavoro del giornalista più semplice e identifica subito il mittente.

In questo modo se il giornalista ha qualche domanda sul comunicato o ha bisogno di fare ulteriori approfondimenti sul tema, può trovare i recapiti dell'addetto stampa senza neanche aver bisogno di aprire l'allegato.

Cosa fare per rendere riconoscibile il proprio indirizzo email

Ogni tornata elettorale comporta dei cambiamenti al vertice delle varie amministrazioni o dei nuovi eletti nei Comuni, nelle Regioni o nelle altre assemblee rappresentative. Questo significa che cambiano anche le persone che lavorano per loro, primi fra tutti gli addetti stampa.

La prima cosa da fare quando si inizia a lavorare in un nuovo ufficio è quella di presentarsi ai giornalisti che seguono il settore. I primi tempi, il giornalista che riceverà un comunicato dal nuovo addetto stampa avrà difficoltà ad associare il nuovo nome all'Istituzione pubblica che è abituato a seguire e può capitare che qualche notizia non venga letta. Ecco perché è opportuno, all'inizio di un nuovo rapporto lavorativo, far seguire sempre un contatto telefonico all'invio del comunicato. Una conversazione del tipo:

"Ciao, sono il nuovo addetto stampa della Provincia di Milano, ti ho appena inviato un comunicato. È la dichiarazione del presidente sull'insediamento del nuovo assessore all'ambiente. Pensi possa interessarti? Dai un'occhiata al testo, nella mail trovi anche i miei recapiti, per qualsiasi cosa sono a tua disposizione. Grazie e a presto".

Non preoccupatevi se qualche giornalista può darvi l'impressione di non ascoltare o se i suoi modi possono apparirvi bruschi. Considerate che ricevono ogni giorno decine di telefonate e devono necessariamente operare una selezione. Con il tempo impareranno a conoscervi e a darvi confidenza. Vi capiterà anche di scambiare delle battute amichevoli o di parlare di argomenti che prescindono dall'ambito lavorativo.

Il riscontro telefonico, che è sempre consigliabile, è assolutamente necessario nel primo periodo lavorativo. Quando i giornalisti impareranno ad associare il vostro indirizzo email con il vostro nome e l'ente per cui lavorate, non avrete bisogno di telefonare in continuazione.

Al Dipartimento per le Pari Opportunità mi avevano chiamato a lavorare all'interno di un ufficio stampa già avviato perché un addetto stampa aveva deciso di lasciare il posto. Dovevo quindi farmi conoscere e far capire ai giornalisti che andavo a prendere il posto della persona con cui prima si rapportavano.

Le prime settimane ho chiamato tutti i destinatari dei comunicati stampa che inviavo e la cosa non era semplice perché mi capitava di inviare anche quattro comunicati al giorno a centinaia di persone. Immaginate il tempo impiegato per fare questo lavoro. Quando poi i giornalisti hanno imparato a riconoscere il mio indirizzo email è stato tutto più semplice.

Mi sono anche accorta del preciso momento in cui questo è avvenuto: è stato quando ho notato che il comunicato stampa che inviavo veniva ripreso dalle agenzie di stampa senza che io alzassi il telefono. Ciò significa che lo vedevo andare in rete nel giro di massimo mezz'ora. I giornalisti delle agenzie di stampa sapevano chi ero, sapevano per chi lavoravo e passavano la notizia. A quel punto usavo il *recall* telefonico solo quando mi accorgevo che, dopo un lasso di tempo ragionevole, il mio comunicato non veniva ripreso dalle agenzie. E mi capitava di fare telefonate del tipo:

- Io: "Ciao sono Clotilde..."
- Giornalista dell'agenzia: "Sì, ho visto la mail ora passo il comunicato".
- Io: "Ok grazie! Magari te ne mando un altro dopo".
- Giornalista dell'agenzia: "E no dai, oggi avete voglia di farmi lavorare?"
- Io: "Qualche volta capita, su! Dai che in genere sono brava e non ti disturbo".
- Giornalista dell'agenzia: "Va bene dai, dopo ti passo anche il secondo comunicato".
- Io: "Grazie! Tanto sai che se non lo passi ti richiamo...".
- Giornalista dell'agenzia: "Sì lo so, ma tanto te lo passo. Ciao".
- Io: "Ciao".

Come avete notato, anche il tono della telefonata, rispetto all'esempio precedente, è notevolmente cambiato. Questo perché dopo un po' di tempo si instaurano dei rapporti amichevoli con i giornalisti che seguono stabilmente l'attività dell'ufficio stampa e con i quali ci si rapporta quotidianamente.

Come costruire e usare una *mailing list*

Una *mailing list* è un elenco che raccoglie recapiti, indirizzi e dati utili dei giornalisti amici che seguono stabilmente l'attività dell'ufficio stampa. La *mailing list* non è un documento che si trova bello e fatto, ma si compone nel tempo, lavorando.

Ogni addetto stampa crea la propria *mailing list* annotando i recapiti dei giornalisti che intervengono alle conferenze stampa che organizza o con i quali viene a trovarsi in contatto telefonico. La *mailing list* è molto utile per trovare velocemente numeri di telefono o indirizzi.

È consigliabile creare un elenco diviso per settori: agenzie di stampa, quotidiani, periodici, televisioni, web. Sotto la voce "agenzie di stampa" inseriremo i nostri contatti dell'*Ansa*, dell'*Agi*, dell'*Apcom*, dell'*Asca*, della *Dire*. Sotto la voce "quotidiani" metteremo invece i recapiti dei giornalisti de *Il Corriere della Sera*, de *La Repubblica*, de *Il Giornale* e via dicendo. Come già fatto per gli indirizzi email vi consiglio di suddividere all'interno di ogni redazione i settori di competenza con i relativi nominativi. È molto importante indicare anche i nomi dei direttori e dei capi redattori perché, anche se non li conosciamo direttamente, potremmo avere bisogno di contattarli in quanto responsabili.

Ecco un esempio di come può essere strutturata una mailing list:

ANSA

Indirizzo della redazione: tel. fisso... fax…
Direttore: (nome) cell. … tel fisso… email personale…
Segreteria redazione: tel. fisso... email...

POLITICO
Caporedattore: (nome) cell. ...
Vice: (nome)

(altro redattore): cell. … tel fisso… email personale…

(altro redattore): cell. … tel fisso… email personale…

(altro redattore): cell. … tel fisso… email personale…

INTERNI

(mail generale della redazione)

Caporedattore: (nome) cell. … tel fisso… email personale…

(altro redattore): cell. … tel fisso… email personale…

(altro redattore): cell. … tel fisso… email personale…

ANSA REGIONALE/CRONACA DI ROMA

(Mail generale della redazione) tel della segreteria di redazione

Caporedattore: (nome) cell. … tel fisso… email personale…

(altro redattore): cell. … tel fisso… email personale…

(altro redattore): cell. … tel fisso… email personale…

CORRIERE DELLA SERA

Indirizzo della redazione tel. ... fax…

Direttore: (nome) cell. … tel fisso… email personale…

POLITICO – (mail generale della redazione)

Caporedattore: (nome) cell...

Vice: (nome)

(altro redattore): cell. … tel fisso… email personale…

(altro redattore): cell. … tel fisso… email personale…

(altro redattore): cell. … tel fisso… email personale…

SPETTACOLO – (mail generale della redazione)

Caporedattore: (nome) cell. … tel fisso… email personale…

(altro redattore): cell. … tel fisso… email personale…

(altro redattore): cell. … tel fisso… email personale…

SPORT – (mail generale della redazione)

Caporedattore: (nome) cell. … tel fisso… email personale…

(altro redattore): cell. … tel fisso… email personale…

(altro redattore): cell. … tel fisso… email personale…

Questo elenco va aggiornato costantemente perché all'interno delle redazioni avvengono spesso dei cambi di ruoli o competenze. I giornalisti si spostano anche da una redazione all'altra e lo stesso fanno i direttori.

SEGRETO n. 16: la mailing list è la bibbia dell'addetto stampa. Raccoglie dati e recapiti dei giornalisti con cui l'ufficio stampa lavora.

Quando lavoravo presso l'ufficio stampa del Ministro per le Pari Opportunità mi rapportavo con una serie di giornalisti amici che seguivano stabilmente l'attività del Ministro.

L'Ansa aveva, ad esempio, un corrispondente fisso cui potevo fare riferimento e così altre agenzie, quotidiani o televisioni. Avendo raccolto i loro nomi nella mia mailing list sapevo sempre, quindi, chi contattare per far uscire un comunicato o chi invitare a un evento.

Lo stesso mi è successo negli altri uffici stampa in cui ho lavorato. Quando ho iniziato a occuparmi di uffici stampa per eventi provenivo dal settore politico e conoscevo pochi giornalisti del settore dello spettacolo. Ho composto la mia mailing list dello spettacolo raccogliendo nuovi nomi agli eventi, telefonando alle redazioni o facendomi consigliare dei nominativi degli amici che avevo all'interno delle varie redazioni.

SEGRETO n. 17: la *mailing list* deve essere sempre aggiornata. Il numero dei nominativi crescerà parallelamente al lavoro dell'addetto stampa.

Un addetto stampa deve sempre portare con sé copia della *mailing list* se lavora in esterno e anche quando è finito l'orario di lavoro. Potrebbe infatti presentarsi l'eventualità di dover rispondere a un'emergenza o potrebbe essere contattato per svolgere un lavoro se ha dato la sua reperibilità.

RIEPILOGO DEL CAPITOLO 3:

- SEGRETO n. 11: quando proponete una notizia, primo obiettivo è quello di farvi ascoltare. Dovete parlare con la persona giusta, attraverso il giusto mezzo, nel modo più preciso possibile.
- SEGRETO n. 12: per svolgere praticamente il lavoro di ufficio stampa abbiamo bisogno di: computer, fax, telefono, cellulare, fogli precompilati per organizzare le telefonate, carta intestata.
- SEGRETO n. 13: per monitorare le agenzie di stampa esistono dei programmi particolari, come Telpress, che consentono di fare delle ricerche e di inserire delle parole chiave associate a suoni e colori per segnalare le notizie.
- SEGRETO n. 14: ogni ufficio stampa deve avere una mail personalizzata che sia immediatamente riconoscibile dal destinatario. Di norma viene creata una mail "generale", visibile da tutti i componenti dell'ufficio e delle mail personalizzate per i singoli.
- SEGRETO n. 15: nel corpo del messaggio deve sempre essere inserita una firma con i recapiti del mittente. Questo rende il lavoro del giornalista più semplice e identifica subito il mittente.
- SEGRETO n. 16: la *mailing list* è la bibbia dell'addetto

stampa. Raccoglie dati e recapiti dei giornalisti con cui l'ufficio stampa lavora.

- SEGRETO n. 17: la *mailing list* deve essere sempre aggiornata. Il numero dei nominativi crescerà parallelamente al lavoro dell'addetto stampa.

CAPITOLO 4:
Come si scrive un comunicato stampa: teorie e tecniche di scrittura, suggerimenti utili ai fini della pubblicazione

Il comunicato stampa è uno dei mezzi che utilizziamo per comunicare con i media, per divulgare le informazioni che desideriamo vengano pubblicate. In sostanza si tratta di un testo, non troppo lungo, che viene scritto seguendo delle regole precise che lo rendono adattabile al linguaggio dei vari organi di informazione.

Provate a immaginare il comunicato stampa come una piramide. Al vertice posizioniamo le informazioni più importanti, quelle che riteniamo fondamentali per far comprendere l'argomento del testo e che vogliamo siano assolutamente pubblicate. Scendendo di livello, man mano che la piramide si allarga, posizioniamo le altre informazioni: prima quelle che ampliano e arricchiscono il concetto base e poi quelle aggiuntive e di correlazione.

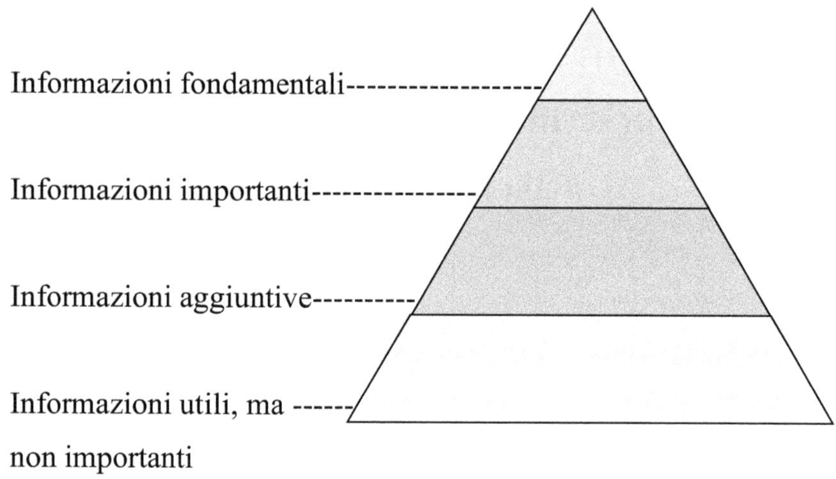

L'immagine della piramide è utile a farci comprendere il concetto di un testo strutturato in più parti e suddiviso a seconda dei livelli di importanza. Ogni paragrafo corrisponde a un gradino della piramide e deve sempre esprimere un concetto di senso compiuto, che non lasci spazio all'immaginazione o alla libera interpretazione.

Sono da evitare i periodi troppo lunghi perché risultano poco comprensibili e perché stancano la lettura. Strutturare il comunicato in brevi paragrafi è consigliabile anche per evitare che eventuali tagli da parte del redattore possano alterare il significato originale del testo.

Non dimenticate che la struttura della piramide è ben nota anche ai destinatari del comunicato stampa. Un giornalista si aspetta di trovare le informazioni più importanti nella prima parte del testo. L'attacco è quindi fondamentale: deve essere scritto in modo chiaro, preciso, senza fronzoli, per far capire subito di cosa si parla.

Un aiuto importante ci arriva dalla regola delle *5 W* (*Who, What, Where, When, Why - Chi, Cosa, Dove, Quando, Perché*). Dopo aver scritto l'introduzione di un comunicato e aver messo il punto alla fine del primo paragrafo vi consiglio di rileggere quanto scritto per verificare se le *5 W* hanno avuto risposta. Se la risposta è sì, potete andare avanti, altrimenti tornate indietro, aggiungete la risposta mancante e assicuratevi che la vostra frase abbia senso.

Le informazioni contenute nelle prime righe devono essere essenziali, non servono introduzioni o frasi a effetto. Nell'attacco del comunicato dobbiamo inserire i dati fondamentali della notizia che avremo comunque modo di ampliare nei paragrafi successivi.

SEGRETO n. 18: il comunicato stampa è un testo che usiamo per diffondere informazioni ed è strutturato in modo tale da essere adattabile alle esigenze dei vari media. Le notizie più importanti vengono inserite nelle prime righe; di seguito, nella parte centrale, vengono inserite le notizie aggiuntive che ampliano il concetto base; alle nozioni meno importanti viene invece riservata la parte finale del testo.

Il linguaggio deve essere talmente semplice che chiunque, leggendolo, possa comprendere facilmente l'argomento di cui si parla.

Mai dare qualcosa per scontato, mai dare adito a dubbi o doppi sensi, mai dare spazio a domande in sospeso. Pensate che i veri destinatari del comunicato non sono i giornalisti, ma le persone che leggono il giornale o guardano un telegiornale. Immaginate anche che quelle persone non conoscono l'argomento di cui scrivete e devono comprendere il nocciolo della questione in poche battute.

Rileggete sempre il testo del comunicato che avete scritto, chiedetevi se sia tutto chiaro, se possano nascere dei dubbi nei lettori. E quando lo fate cercate di mettervi dalla parte di una persona che non sappia nulla dell'argomento, ma che voglia approfondirlo.

Ogni addetto stampa, che abbia più esperienza o che sia alle prime armi, deve sempre rileggere il testo del comunicato stampa che ha scritto e deve porsi queste domande. Le prime volte questo procedimento richiederà più tempo e maggiore attenzione, con il tempo e la pratica sarà tutto più veloce.

La precisione non è mai abbastanza. Soprattutto se si inseriscono dati o cifre nel comunicato. È sempre necessario controllare l'esattezza dei dati e citare la fonte da cui provengono. Se insieme al comunicato stampa vengono inviate delle fotografie allegate, vanno sempre corredate di didascalie che indicano luogo, data e soggetti.

Esempi pratici di come si scrive un comunicato stampa

Qualche esempio pratico vi aiuterà a comprendere meglio la

teoria. Riporto di seguito tre esempi comunicato stampa. Il primo è un testo che ho scritto e usato qualche anno fa, i secondi due li ho inventati per introdurvi situazioni diverse.

Esempio 1

Riporto il testo del comunicato in corsivo per distinguerlo visivamente dalle spiegazioni, ma quando scriverete il vostro vi consiglio di usare un carattere normale.

COMUNICATO STAMPA

Spettacolo: Il comico (nome) apre la terza edizione della manifestazione (nome), organizzata dall'Associazione Culturale (nome).

Sarà l'esilarante show del comico (nome), seguito dalla musica anni '50/60 della (nome) band, ad aprire, giovedì 14 giugno alle ore 21, la terza edizione della (nome manifestazione), organizzata a Roma in piazzale (indirizzo) dall'Associazione Culturale (nome).

Nelle prime tre righe rispettiamo il principio delle *5 W*. Abbiamo dato l'annuncio dell'apertura di una manifestazione e abbiamo fornito al lettore indicazioni utili su indirizzo, orari e spettacoli. Cosa importante per noi: abbiamo citato il nome dell'organizzatore per cui lavoriamo e che quindi ci interessa promuovere. Se il testo venisse troncato in questo punto sarebbe comunque completo delle informazioni fondamentali.

Al pari delle precedenti edizioni, il (nome manifestazione) continuerà a essere una manifestazione a ingresso gratuito, aperta 7 giorni su 7 – spiega (nome e cognome) Presidente della Associazione (nome) – ma alla programmazione dei concerti si aggiungono quest'anno anche gli spettacoli di cabaret. Anche la scenografia del villaggio è stata completamente rinnovata per essere più accogliente, ma nel complesso anche spettacolare.

Abbiamo fornito qualche informazione in più che può essere importante, come il fatto che si tratti di una manifestazione a ingresso gratuito. La finalità ultima di chi organizza la manifestazione, oltre al fatto di apparire sui media, è che un gran numero di persone abbia voglia di prendere parte all'evento e il fatto che l'ingresso sia gratuito può essere un vantaggio. Abbiamo inoltre inserito la dichiarazione del presidente dell'associazione che sarà sicuramente gratificato da una eventuale citazione sui media.

Ad alternarsi sul palco della manifestazione saranno le più prestigiose cover band e tribute band di livello nazionale e internazionale. Per citarne alcune: (elenco nomi band). Il calendario dei concerti spazia dal rock, al blues, alla musica leggera ed è costantemente aggiornato, insieme alla programmazione degli spettacoli di cabaret, sul sito (link sito). La manifestazione rimarrà aperta a partire dalle 18 fino alle prime ore del mattino e ospiterà al suo interno un ristorante, stand commerciali e alimentari, un pub, un palco per le esibizioni di 6 per 8 metri e una postazione per i Dj che ogni venerdì e sabato si alterneranno al termine del concerto.

Questi due paragrafi forniscono ulteriori informazioni che possono invogliare i lettori a partecipare alla manifestazione. Abbiamo approfondito quanto abbiamo già accennato in precedenza e abbiamo aggiunto un altro elemento utile per i lettori: l'indirizzo Internet di riferimento.

La (nome manifestazione) insomma, è organizzata per accontentare i gusti e le esigenze di ognuno, dalle famiglie ai ragazzi. Si inizia con l'aperitivo per poi passare alla cena e al dopocena, per rilassarsi dopo il lavoro con spettacoli e live show ogni sera differenti.

La struttura del villaggio, interamente recintata e dotata di un servizio di vigilanza e sorveglianza attivo 24 ore, permette l'accesso ai portatori di handicap e usufruisce di un ampio parcheggio antistante all'ingresso.

Alla fine del comunicato troviamo le informazioni meno importanti che ampliano e concludono quanto detto in precedenza.

Roma, 8 giugno 2006
Clotilde De Meo - Ufficio Stampa Associazione Culturale (nome)
clotilde@xxxxxx.com - 347.xxxxxxx

Mai dimenticare di inserire la data sotto il comunicato e i recapiti dell'addetto stampa: queste informazioni non sono destinate alla pubblicazione, ma servono al giornalista per eventuali richieste o informazioni aggiuntive.

La firma con i dati dell'addetto stampa può anche essere inserita nel corpo del messaggio di posta con il quale inviamo il comunicato.

Esempio 2

COMUNICATO STAMPA

Antonacci (nome di fantasia): soddisfazione su data referendum

Già leggendo il titolo, il giornalista capisce che si tratta di una dichiarazione politica. Un titolo così scritto fa intendere che il nome Antonacci sia ben noto, si tratterà quindi di un personaggio politico che già da qualche tempo ricopre una carica istituzionale.

Anche l'argomento referendum deve essere ben noto perché non è seguito da precisazioni o riferimenti: probabilmente si tratta di uno dei temi caldi del dibattito politico e l'addetto stampa sa che non ha bisogno di aggiungere altro per far capire a chi legge quale sia l'argomento del comunicato.

Esprimo soddisfazione per la decisione assunta in Consiglio dei Ministri sulla data del referendum", ha affermato oggi il Ministro per le Politiche Sociali Andrea Antonacci appena uscito dalla riunione del Consiglio dei Ministri.

La dichiarazione è inserita nell'attacco del testo.

L'obiettivo dell'addetto stampa è quindi che il pensiero del Ministro venga ripreso dai vari media e che venga inserito all'interno degli articoli o dei servizi che verranno fatti sull'argomento.

Nelle prime righe viene anche illustrata la carica che riveste Antonacci: Ministro per le Politiche Sociali (titoli e cariche devono sempre precedere o seguire il nome, anche se si tratta della persona più nota del mondo).

Sicuramente il Ministro dell'Interno è la persona più indicata a rilasciare una dichiarazione in materia di riforma elettorale, ma Antonacci in questo caso parla in quanto esponente del Governo ed esprime una posizione ufficiale e condivisa dalla maggioranza.

La decisione di individuare un accordo fra i partiti di maggioranza e di opposizione per far sì che questa consultazione si svolga prima delle vacanze estive – ha aggiunto il Ministro – è la prova di quanto questo Governo abbia a cuore l'opinione degli italiani su un tema importante e delicato come la modifica del sistema elettorale.

Roma 7 febbraio 2000

Firma...

La dichiarazione successiva amplia e completa il concetto già espresso nel primo paragrafo.

Abbiamo capito che sul tema del referendum si sta scatenando il dibattito politico e questo è uno dei tanti comunicati che verranno inviati sull'argomento per fornire ulteriori dichiarazioni. I giornalisti probabilmente stanno seguendo la cosa da giorni o da settimane, non è quindi necessario dilungarsi con delle spiegazioni.

L'obiettivo dell'addetto stampa non è quello di diffondere una notizia, ma quello di fornire una dichiarazione che può essere utile ai fini del dibattito e che probabilmente verrà messa a confronto con le dichiarazioni di altri esponenti politici. Il comunicato non è lungo ed è una scelta consapevole: un'affermazione breve viene letta velocemente e non ha bisogno di tagli o modifiche.

Esempio 3

COMUNICATO STAMPA

Violenza sui minori: il Comune di Bari attiva un numero verde

Ecco un altro esempio di comunicato stampa. Già dal titolo si capisce che la notizia da diffondere è di carattere locale, interessa l'ambito cittadino del comune di Bari e va quindi inviato ai giornalisti che seguono la cronaca della città. Entriamo anche subito nel vivo dell'argomento: i casi di violenza sui minori. La notizia è nell'ultimo elemento: il Comune mette in atto un'iniziativa concreta.

Sarà attivo da lunedì 15 giugno il numero verde gratuito del Comune di Bari per contrastare l'aumento dei casi di violenza sui minori. Il nuovo servizio, attivato in via sperimentale, risponderà al numero "10100" e potrebbe presto interessare tutto il territorio nazionale.

Le informazioni più importanti sono nell'attacco del testo.

Sappiamo che il 15 giugno (quando) partirà un nuovo servizio associato a un numero verde (cosa). Sappiamo che interesserà il territorio di Bari (dove), sappiamo che lo metterà in atto il Comune (chi), sappiamo che la nuova iniziativa vuole essere una risposta ai casi di violenza sui minori (perché).

Per diffondere la notizia sarebbe sufficiente pubblicare le prime tre righe del testo. Potrebbe facilmente essere riportata anche dai giornali free press come *Metro*, *City* e *Leggo*, che hanno poche pagine dedicate alla cronaca delle città e per scelta editoriale preferiscono pubblicare notizie brevi.

Il servizio fornirà un supporto immediato ai minori vittime di violenza intra ed extra familiare. Il call center è gestito da un gruppo di psicologi coordinati dal Prof. Di Bella, coordinatore dell'Istituto nazionale di Psicologia e docente presso l'Università di Federico II di Napoli. Il servizio si avvale inoltre del supporto delle varie strutture di assistenza presenti sul territorio cittadino.

Il secondo paragrafo ci fornisce qualche notizia in più sul servizio e lo qualifica illustrando l'equipe di esperti che lo gestirà. Controllate sempre con attenzione le qualifiche e le cariche dei personaggi coinvolti.

Abbiamo deciso di fornire una risposta concreta all'escalation di casi di violenza sui minori che si sono purtroppo verificati nella nostra città, – ha commentato Il Sindaco di Bari, Marco Neri; in base ai dati che ci ha fornito la Questura abbiamo riscontrato che la maggior parte dei casi di violenza sui bambini si verifica all'interno delle mura familiari a opera di parenti o amici. Abbiamo quindi studiato un servizio capace di mettere in relazione i servizi sociali di assistenza, le associazioni di volontariato e le Forze dell'ordine.

Roma 20 maggio 2005

Firma...

Poiché il servizio verrà attivato dal Comune di Bari, il sindaco è la persona più adatta a dichiarare sull'argomento perché rappresenta il principale esponente dell'istituzione.

La dichiarazione aggiunge ancora altri elementi a sostegno dell'attivazione del servizio, sottolineandone l'importanza in quanto iniziativa concreta atta a contrastare il triste fenomeno della violenza sui minori.

Il sindaco, nella sua dichiarazione, accenna a dei dati forniti dalla questura. In maniera sintetica possono anche essere inseriti nel comunicato, in alternativa i dati, magari correlati di grafici, possono essere inseriti nella cartella stampa se è stata organizzata una conferenza stampa per presentare l'iniziativa. Oppure possono essere inviati via email insieme al comunicato, in un altro file allegato. In una cartella stampa potrebbe anche essere inserito l'elenco delle associazioni di volontariato coinvolte e una breve descrizione di ognuna.

SEGRETO n. 19: ogni comunicato stampa ha un titolo e un sommario di due o tre righe che introduce subito nel vivo l'argomento del testo.

I destinatari dei tre comunicati sono sempre gli stessi?
Naturalmente no. Ogni comunicato, per essere pubblicato, deve essere inviato ai giusti destinatari.

Ho scelto questi tre esempi di comunicato perché essendo molto diversi tra loro ci forniscono indicazioni importanti anche ai fini dell'individuazione dei destinatari.

Il primo comunicato annuncia l'inaugurazione di una

manifestazione, va quindi indirizzato alle redazioni che si occupano di spettacolo. Trattandosi di una manifestazione a carattere locale, il comunicato va inviato ai giornali locali e alle cronache della città in cui si svolge l'evento. L'annuncio può inoltre interessare i giornali che pubblicano calendari di eventi come il *Trovaroma* de *La Repubblica*, o *Roma C'è*. Il comunicato può inoltre risultare interessante per i giornali di quartiere che vi consiglio di non sottovalutare mai: sono i giornali che passando di mano in mano vengono letti da moltissime persone.

Il secondo comunicato è una dichiarazione politica di un Ministro. Non parliamo più di una notizia a carattere locale, ma di una notizia a carattere nazionale. Deve quindi essere indirizzato ai giornalisti che si occupano di politica per le redazioni nazionali. Anche la forma linguistica e stilistica è molto diversa da quella del comunicato precedente. Si entra subito nel vivo dell'argomento con una dichiarazione, il testo è breve e si presuppone che chi legga sia già a conoscenza del tema trattato.

Il terzo comunicato ci informa dell'attivazione di un servizio che partirà su base cittadina. La notizia risulterà quindi interessante per i giornalisti della cronaca della città. Potrebbe risultare interessante anche per i giornalisti che si occupano di salute e medicina, e, vista la presenza di un esponente importante in materia, anche per le riviste nazionali di psicologia.

SEGRETO n. 20: i giusti destinatari del comunicato stampa sono le testate e i giornalisti potenzialmente interessati alla notizia.

Ricordate poi che la bravura dell'addetto stampa consiste nel ricercare sempre nuovi spazi per far uscire le notizie. Un numero verde per contrastare la violenza sui minori potrebbe risultare interessante per le rubriche televisive che si occupano di temi sociali, per i giornali delle associazioni che contrastano le varie forme di violenza, per le riviste dedicate alla famiglia.

Vi starete chiedendo come fare a individuare sempre nuovi spazi. La risposta è semplice: cercando. Avete i mezzi per ottenere quello che volete e siete persone capaci di imparare e riflettere. Vi illustrerò di seguito qualche piccolo suggerimento per individuare i destinatari del comunicato. Ricordate che la teoria aiuta, ma serve solo a supportare la pratica. Lavorando sul campo questi meccanismi diverranno naturali.

Come individuare i destinatari del comunicato

Le redazioni sono divise in settori di competenza: ci sono giornalisti che lavorano nel nazionale, nella cronaca delle città, che si occupano di enogastronomia, di spettacoli, di sport e via dicendo. Il comunicato stampa va sempre inviato agli indirizzi generali delle redazioni, al capo servizio e ai giornalisti che si occupano stabilmente del settore di cui vogliamo diffondere la notizia.

Se abbiamo scritto un comunicato sull'apertura di una *kermesse* musicale è chiaro che dobbiamo inviarlo alle redazioni che si occupano di spettacolo. Allo stesso modo, un comunicato sull'apertura di una fiera dedicata ai prodotti tipici delle varie regioni italiane, deve essere inviato ai giornalisti che si occupano di enogastronomia.

Questo perché se inviamo il comunicato alla persona sbagliata abbiamo poche probabilità di assisterne alla pubblicazione.

Immaginate un giornalista sportivo che riceve un comunicato sull'apertura di una mostra d'arte contemporanea o l'ultima dichiarazione del Presidente della Camera. Secondo voi può inserire queste notizie tra le ultime di campionato? Può capitare che il giornalista decida di rigirare l'email con il comunicato al suo collega che si occupa di politica. Ma nella maggior parte dei casi si limiterà a cestinarlo pensando di averlo ricevuto per errore.

Inviare il comunicato alle persone sbagliate è un errore madornale perché non porta alla pubblicazione della notizia e dimostra che l'addetto stampa non sa fare il proprio lavoro.

SEGRETO n. 21: ogni comunicato va indirizzato a un target mirato di giornalisti, da qui l'importanza di costruire una nostra *mailing list* divisa per redazioni e settori di competenza.

Abbiamo già detto che la *mailing list* è un elenco aggiornato di nominativi, indirizzi e contatti telefonici dei giornalisti che l'addetto stampa costruisce nel tempo, lavorando. È uno strumento molto comodo, utile a individuare velocemente i destinatari di un comunicato stampa ed è anche una fonte utile per individuarne di nuovi. Vediamo come.

Gli uffici stampa hanno sempre dei contatti di riferimento all'interno delle varie redazioni. L'ufficio stampa del Presidente del Consiglio, ad esempio, si rapporta stabilmente con i giornalisti che lavorano per il nazionale, nelle redazioni del politico e dopo un po' di tempo li conoscerà tutti. Può capitare però che abbia bisogno di contattare anche altre redazioni. Un'eventualità che potrebbe presentarsi se il Presidente del Consiglio decidesse di partecipare all'apertura della campagna elettorale del candidato alla presidenza della Regione Lazio.

Una notizia come questa è sicuramente interessante per le cronache locali, in particolar modo per quelle della città in cui si svolge l'evento. Oltre ai giornalisti soliti, che si occupano del politico, vanno quindi contattati anche i giornalisti della cronaca. Cosa fare se nel nostro elenco di nominativi non abbiamo nessuno che si occupi di cronaca? Vi racconterò cosa ho fatto io quando mi sono trovata in questa situazione.

Come trovare nuovi contatti all'interno delle redazioni

Un giorno, quando lavoravo al Dipartimento per le Pari Opportunità, mi è stato chiesto di promuovere un'iniziativa dell'Ufficio Nazionale Antidiscriminazioni Razziali (Unar) che coinvolgeva i giocatori di calcio e si svolgeva durante la prima giornata di campionato di serie A.

Normalmente mi rapportavo con i giornalisti del politico, in questa occasione però dovevo contattare destinatari giusti per il mio comunicato, cioè i giornalisti sportivi.

Come potete immaginare, a parte un paio di amici, non avevo alcun nominativo. Ecco quindi cosa ho fatto. Ho chiamato i miei contatti all'interno delle varie redazioni e ho chiesto loro chi si occupasse di sport per la loro testata. Ho quindi chiamato le persone che mi erano state indicate presentandomi come addetto stampa del Ministro per le Pari Opportunità e amica dei colleghi che mi avevano fornito i loro nominativi. In questo modo ho trovato dall'altra parte del telefono persone ben disposte ad ascoltarmi perché non ero proprio una sconosciuta.

Delle testate prettamente sportive, come *La Gazzetta dello Sport* o il *Corriere dello Sport*, non avevo però alcun contatto all'interno della redazione. Così ho preso l'*Agenda del Giornalista* che raccoglie nomi e indirizzi di tutte le testate e ho chiamato i vari centralini. In alternativa ho cercato i numeri delle redazioni sui siti Internet di riferimento. Mi sono qualificata e molto cortesemente ho chiesto di parlare con il capo servizio. Nel frattempo mi sono appuntata nomi e recapiti e ho costruito la mia *mailing list* per il settore sportivo perché avrei potuto averne bisogno in futuro.

SEGRETO n. 22: possiamo trovare nuovi contatti all'interno delle redazioni sfruttando quelli che già abbiamo. Se non conosciamo nessuno all'interno della redazione, contattiamo i centralini. Troviamo numeri e indirizzi sull'*Agenda del Giornalista* o su Internet.

È una regola comune, tra uffici stampa e giornalisti, darsi del tu e non del voi. Quando vi presentate e contattare una persona per la prima volta ricordate di essere cortesi, determinati e veloci.

Come e quando inviare il comunicato

Il comunicato va sempre inviato in allegato ma, se proprio volete, potete aggiungere il testo anche nel corpo del messaggio. Ricordate di inserire nella mail i recapiti e la firma di chi la invia.

Non mi scorderò mai di ripeterlo perché purtroppo è un errore che capita spesso. L'oggetto deve indicare in poche parole il contenuto del testo per essere letto interamente prima di aprire l'email. Io consiglio di scrivere l'oggetto usando lo stile dei titoli di agenzia.

Esempio:
Ambiente: il 63% degli italiani sogna una casa ecosostenibile.

Un titolo come questo non pone dubbi sul contenuto del testo e la persona che lo legge sa già se è interessata o meno all'argomento. Il giornalista che lavora all'interno di un'agenzia di stampa non ha nemmeno bisogno di riscriverlo prima di mandare in rete il comunicato. Questo significa guadagnare tempo, facilitare il lavoro del giornalista e guadagnarsi l'opportunità che esca il titolo come è stato ideato dall'addetto stampa.

Pronta la mail con il comunicato in allegato, deve solo essere inviata. A questo punto devo fare una piccola premessa. Considerate che state inviando una notizia a più redazioni e le redazioni hanno degli orari da rispettare per andare in onda o in stampa. In tarda mattinata si svolgono delle riunioni per decidere cosa pubblicare il giorno dopo, le pagine dei quotidiani vengono disegnate e poco spazio viene lasciato alle notizie dell'ultimo minuto.

I Tg hanno due o più edizioni giornaliere e il palinsesto viene deciso molto prima di andare in onda. Ho fatto questa premessa per farvi capire che quando proponete una notizia la tempistica è fondamentale. A meno che non si tratti di una notizia di importanza fondamentale (come quelle inserite nelle famose edizioni straordinarie dei Tg).

Per quanto riguarda i quotidiani, le agenzie di stampa, i giornali on line, le radio e le televisioni, è consigliabile inviare il comunicato in mattinata, entro le 14. I settimanali devono ricevere il comunicato entro tre giorni dalla pubblicazione, i mensili almeno una settimana prima della chiusura della testata.

SEGRETO n. 23: i comunicati spediti di mattina o al massimo nelle prime ore del pomeriggio hanno molta più probabilità di essere pubblicati.

Se la redazione di un quotidiano riceve un comunicato alle ore 21 o alle ore 22 è come se non lo avesse ricevuto affatto perché le pagine sono già state chiuse e il giornale è andato in stampa. Se la notizia è di una certa rilevanza può al massimo essere inserita in una seconda ristampa del giornale e solo se c'è qualcuno che fa il turno di notte e decide di segnalarla. Oppure se si tratta di una notizia programmata, come può essere la recensione di un concerto. Il cronista invierà il suo articolo in redazione dopo aver assistito allo spettacolo.

Il comunicato di invito a una conferenza stampa deve invece essere inviato almeno un paio di giorni prima dell'evento, in modo che il direttore, il capo redattore o chi per lui, possa decidere se inviare qualcuno a seguirla. Nel frattempo anche l'addetto stampa può organizzare al meglio il suo lavoro e assicurarsi la presenza dei giornalisti attraverso il *recall* telefonico.

Esistono poi delle situazioni particolari che richiedono all'addetto stampa una maggiore attenzione. Mi riferisco ad esempio alle campagne elettorali. Nelle settimane che precedono il voto, i comunicati vengono inviati a tutte le ore perché è anche e soprattutto nell'arena mediatica che avviene lo scontro-dibattito tra i vari candidati. Gli addetti stampa che lavorano dietro le quinte delle campagne elettorali devono controllare costantemente i lanci di agenzia per valutare la necessità di intervenire su un tema caldo, rispondere a un attacco, controbattere a un avversario.

Se normalmente i politici appartenenti ai diversi schieramenti usano i comunicati stampa per confrontarsi o attaccarsi, in campagna elettorale questo meccanismo viene accentuato. I candidati si scontrano sui temi caldi della campagna o si rivolgono dei veri e propri attacchi personali usando il comunicato stampa come mezzo per diffondere il proprio pensiero. Osservando sul monitor del pc la schermata delle agenzie di stampa possiamo assistere a dei botta e risposta tra i candidati, che verranno poi ripresi dei giornalisti per scrivere i loro articoli.

Come sapere dove e quando uscirà la notizia

Dopo aver inviato un comunicato, l'addetto stampa deve verificare quali media riprendono la notizia. Per effettuare un monitoraggio preciso dovrebbe controllare tutti i giornali, tutti i settimanali, tutti i mensili, tutti i giornali locali e tutta la stampa di settore. Dovrebbe inoltre guardare tutti i telegiornali, ascoltare tutti i giornali radio e ispezionare il web.

Come potete immaginare si tratta di un lavoro immenso che, per di più, va svolto di buon'ora prima di iniziare qualsiasi altro tipo di attività. Per questo motivo, gli uffici stampa che hanno una certa disponibilità economica si avvalgono della collaborazione di società esterne di monitoraggio che confezionano per loro una rassegna stampa personalizzata.

Invece, gli uffici stampa più piccoli e quelli composti da una sola persona sono spesso costretti a svolgere da soli il lavoro di monitoraggio delle notizie. Se vi capita di trovarvi immersi in realtà come queste, non disperate. Esistono degli *escamotage* per facilitare questo tipo di compito.

Se è stato inviato un comunicato stampa è possibile sapere in anticipo su quali testate verrà ripresa la notizia. Vi state chiedendo in che modo? È presto detto. Semplicemente sfruttando le informazioni che si ottengono dal riscontro telefonico successivo all'invio del comunicato. Vediamo come fare.

Ho già accennato al fatto che ogni singolo giornalista riceve ogni giorno numerose email. In considerazione di questo fatto, anche se è nostro amico, potrebbe per distrazione non accorgersi del messaggio che gli abbiamo inviato.

I primi da contattare sono i colleghi che lavorano per le agenzie di stampa, a seguire le redazioni dei quotidiani e dei telegiornali e poi quelle dei settimanali e dei mensili.

Durante il *recall* telefonico vi consiglio di stilare una lista delle risposte positive e negative che ricevete. Alcuni giornali potrebbero non pubblicare il comunicato per problemi di spazio e in questo caso è possibile provare a riproporlo nei giorni successivi, magari modificandolo un po' o aggiungendo informazioni aggiuntive. Alcune testate potrebbero concedere alla notizia una “breve”, cioè un trafiletto di poche righe, oppure potrebbero decidere di darle spazio inserendola in un contesto più ampio.

Durante il giro di telefonate si raccolgono quindi molte informazioni utili. Possiamo sapere quali giornali pubblicheranno la notizia e quali non lo faranno, possiamo sapere quale edizione del telegiornale è necessario registrare, possiamo sapere quali redazioni dobbiamo contattare nuovamente nei giorni successivi.

Il *recall* telefonico è un lavoro molto utile, ma non vi nascondo che può essere lungo e noioso. Nelle redazioni i telefoni squillano spesso a vuoto perché i redattori non sono sempre seduti alla loro scrivania oppure non possono rispondere. Quando finalmente lo fanno hanno solo pochi minuti da dedicarci. Il segreto per portare a termine questo lavoro è quello di armarsi di santa pazienza e insistere finché non è finito il giro di telefonate. Solo in questo modo possiamo avere la certezza che il comunicato sia stato letto e solo in questo modo possiamo sapere in anticipo quali testate lo pubblicheranno.

SEGRETO n. 24: dobbiamo telefonare ai nostri contatti all'interno delle redazioni, per assicurarci che abbiano ricevuto il comunicato inviato e per sapere se daranno spazio alla notizia. Dal riscontro telefonico possiamo sapere in anticipo quali testate riprenderanno la notizia.

Cosa fare se si inviano più comunicati al giorno

Il lavoro di un ufficio stampa è spesso frenetico e ci sono giornate che possono essere davvero molto intense. Può capitare di inviare due o più comunicati nel giro di poco tempo e svolgere il *recall* telefonico può essere problematico per limiti di tempo e a causa delle numerose attività da svolgere.

In giornate di questo tipo si possono prendere due decisioni. O si inizia a svolgere il riscontro telefonico dopo aver inviato più comunicati, oppure si chiamano solo i colleghi delle agenzie di stampa.

La prima ipotesi è fattibile se sappiamo in anticipo che dobbiamo inviare più comunicati. La seconda ipotesi è quella che si verifica più spesso, anche perché, come vi dicevo prima, il giro delle telefonate inizia sempre dai colleghi delle agenzie. Le agenzie di stampa sono fondamentali perché sono consultate da tutte le persone che lavorano nel mondo della comunicazione e se vediamo il nostro comunicato andare in rete sicuramente lo vedranno anche i colleghi delle altre redazioni.

È anche vero che se inviate più comunicati nell'arco della stessa giornata, sempre agli stessi destinatari, non potete chiamarli ogni mezz'ora perché rischiate di diventare troppo insistenti.

D'altra parte non dovete dimenticare che il vostro obiettivo è quello di far uscire la notizia e a tal fine deve per forza andare in rete sulle agenzie.

Cosa fare quindi? Ecco il mio consiglio.

SEGRETO n. 25: date ai colleghi delle agenzie il tempo di notare l'email con il vostro comunicato e contattateli solo se dopo mezz'ora non è ancora andato in rete.

In questo modo evitate di pressarli e segnalate loro il comunicato solo dopo aver capito che non è stato notato. Un comportamento di questo tipo è facilmente adottabile quando si è instaurato un rapporto di lavoro continuativo tra uffici stampa e giornalisti. I referenti all'interno delle redazioni sono sempre gli stessi, sono quindi abituati a ricevere comunicati sempre dallo stesso indirizzo email ed è quindi facile che lo riconoscano.

Come sfruttare le potenzialità di Internet per diffondere la notizia

La rete offre numerose risorse per promuovere e diffondere le notizie. Non mi stancherò mai di ripetere che la tecnologia, se ben sfruttata, può essere una grande alleata per chi lavora nel campo della comunicazione.

I tempi di Internet, come ben sapete, sono molto veloci. Se per leggere un articolo su un quotidiano dobbiamo aspettare il giorno dopo l'invio del comunicato, su Internet bastano poche decine di minuti. Le pagine web sono aggiornate costantemente, giorno e notte. Tutti i maggiori quotidiani hanno la loro pagina web ed esistono giornali che sono addirittura concepiti solo in formato telematico.

SEGRETO n. 26: Internet offre moltissime opportunità per diffondere una notizia, dai giornali on line, ai portali che raccolgono le opinioni degli utenti, dai servizi gratuiti di pubblicazione, ai *social network*. Sfruttateli!

Alcuni giornali on line offrono agli utenti registrati la possibilità di pubblicare notizie e comunicati. Alcuni di questi servizi sono riservati solo agli uffici stampa, altri sono aperti a chiunque abbia voglia di dare il suo contributo alla libera informazione. Vi consiglio di individuare tutti i siti che offrono questa possibilità e di sfruttare tutti gli spazi che potete. È un lavoro di ricerca che va aggiornato di tanto in tanto per essere al passo con l'apertura di nuove pagine web.

Sono nati anche dei portali che oltre a raccogliere i comunicati stampa, indicizzano le notizie sul web. Basta cliccare su "comunicati stampa" su un portale di ricerca per trovarne diversi. Nella maggior parte dei casi questi siti richiedono una registrazione e si riservano la facoltà di pubblicare o meno la notizia a seconda del suo contenuto.

Vi consiglio di effettuare la registrazione solo sui portali che non chiedono denaro per svolgere il servizio di pubblicazione. Ricordate che un ufficio stampa non paga mai per far uscire una notizia.

Oltre ai siti che pubblicano esclusivamente comunicati stampa, esistono siti che pubblicano le notizie fornite degli utenti. Un esempio è "Wikio". Potete inserire anche su questi il vostro comunicato.

Se imparate a far girare la notizia nella Rete vi accorgerete che a catena, molti altri siti, più o meno grandi, la riprenderanno. *Ok notizie* è un buon esempio di questo meccanismo: raccoglie notizie dai blog o dalle pagine di informazione e da agli utenti la possibilità esprimere la propria opinione sui vari argomenti.

Altra risorsa che offre il web sono i *social network.* Oggi *Facebook* va per la maggiore, ma non sono da meno *Twitter* e *MySpace.* Le redazioni, gli uffici stampa, le società di comunicazione sfruttano le potenzialità offerte da questi *social network* per diffondere informazioni attraverso contatti personali o gruppi che consentono di contattare velocemente tutti gli iscritti. Molti addetti stampa usano *Facebook*, ad esempio, per inviare comunicati stampa o mandare inviti a un evento o a una conferenza stampa.

Aprire un blog è un'altra utile risorsa per l'addetto stampa. Le notizie provenienti dai blogger sono molto seguite dagli utenti della rete e i portali che li ospitano hanno tutti lo spazio riservato alle "notizie dai blog".

Le informazioni provenienti dai blog hanno inoltre la possibilità di essere inserite nei "Feed Rss" che sono dei file generati automaticamente dai blog e da altri siti di notizie e rappresentano per gli utenti un modo semplice per essere informati in tempo reale.

I feed, sfruttando dei programmi chiamati "aggregatori" (uno dei più noti è *Google Reader*, ma ce ne sono moltissimi), consentono agli utenti di ricevere sul proprio computer tutti gli aggiornamenti provenienti dai siti o dai blog che si vogliono monitorare.

Questo sistema, anche grazie alla possibilità di inserire delle parole chiave, verifica costantemente la presenza di nuove informazioni sul web e aggiorna gli utenti selezionando solo argomenti di loro interesse.

Quello che avete appena letto è solo un piccolo elenco di risorse tra le infinite possibilità che offre oggi la Rete. Il discorso di Internet, per la sua ampiezza e complessità, meriterebbe però di essere affrontato in modo più approfondito e dettagliato.

Prima di mandare un comunicato in giro sul web bisognerebbe adottare un linguaggio e uno stile appropriato alla natura del sistema e finalizzato a sfruttarlo al meglio. Ma questo non è sempre possibile per l'addetto stampa che, spesso costretto a lavorare in tempi ristretti, invia a tutti i media lo stesso comunicato.

Tra i compiti di un addetto stampa rientra però anche quello di gestire il blog della persona che segue e le pagine web della propria azienda. È chiaro che, in questi casi, dovrà adottare un linguaggio più vicino a quello degli utenti della Rete, pensando anche a utilizzare delle parole chiave che rendano la notizia indicizzabile.

RIEPILOGO DEL CAPITOLO 4:

- SEGRETO n. 18: il comunicato stampa è un testo che usiamo per diffondere informazioni ed è strutturato in modo tale da essere adattabile alle esigenze dei vari media. Le notizie più importanti vengono inserite nelle prime righe; di seguito, nella parte centrale, vengono inserite le notizie aggiuntive che ampliano il concetto base; alle nozioni meno importanti viene invece riservata la parte finale del testo.
- SEGRETO n. 19: ogni comunicato stampa ha un titolo e un sommario di due o tre righe che introduce subito nel vivo l'argomento del testo.
- SEGRETO n. 20: i giusti destinatari del comunicato stampa sono le testate e i giornalisti potenzialmente interessati alla notizia.
- SEGRETO n. 21: ogni comunicato va indirizzato a un target mirato di giornalisti, da qui l'importanza di costruire una nostra *mailing list* divisa per redazioni e settori di competenza.
- SEGRETO n. 22: possiamo trovare nuovi contatti all'interno delle redazioni sfruttando quelli che già abbiamo. Se non conosciamo nessuno all'interno della redazione, contattiamo i centralini. Troviamo numeri e indirizzi sull'Agenda del Giornalista o su Internet.

- SEGRETO n. 23: i comunicati spediti di mattina o nelle prime ore del pomeriggio hanno molta più probabilità di essere pubblicati.
- SEGRETO n. 24: dobbiamo telefonare ai nostri contatti all'interno delle redazioni per assicurarci che abbiano ricevuto il comunicato inviato e per sapere se daranno spazio alla notizia. Dal riscontro telefonico possiamo sapere in anticipo quali testate riprenderanno la notizia.
- SEGRETO n. 25: date ai colleghi delle agenzie il tempo di notare l'email con il vostro comunicato e contattateli solo se dopo mezz'ora non è ancora andato in rete.
- SEGRETO n. 26: Internet offre moltissime opportunità per diffondere una notizia, dai giornali on line, ai portali che raccolgono le opinioni degli utenti, dai servizi gratuiti di pubblicazione, ai *social network*. Sfruttateli!

CAPITOLO 5:
Come organizzare una conferenza stampa

La conferenza stampa viene organizzata dagli uffici stampa per dare ai media informazioni importanti. Si tratta di un vero e proprio evento che deve essere studiato nei minimi dettagli. Vengono invitati a partecipare i giornalisti per conto della loro testata e viene allestito un palco per gli oratori che hanno il compito di illustrare l'argomento in oggetto.

L'addetto stampa lavora prima, durante e dopo la conclusione dell'incontro, convocando gli invitati, preparando il materiale, monitorando l'uscita della notizia sui media.

SEGRETO n. 27: la conferenza stampa è un evento in cui uno o più oratori competenti in materia illustrano una notizia alla stampa e rispondono a eventuali domande di approfondimento sul tema.

Le conferenze stampa vengono organizzate per vari motivi: per la presentazione di un nuovo progetto sociale, di un film, di un'iniziativa politica, per inaugurazione di una manifestazione o di una mostra. Gli uffici stampa della Polizia o dei Carabinieri organizzano delle conferenze stampa nel corso delle quali illustrano i risultati delle ultime operazioni, gli uffici stampa degli Enti pubblici convocano conferenze stampa per diffondere informazioni di interesse generale.

Chiunque può decidere di organizzare una conferenza stampa a patto che ci siano quelli che sono elementi essenziali e indispensabili: la notizia, gli oratori, i giornalisti.

I giornalisti sono invogliati a partecipare all'evento se ritengono interessante l'argomento in oggetto e se si aspettano di ricevere una documentazione di approfondimento su cui poter lavorare. Intervengono per porre delle domande agli oratori e si aspettando di trovare davanti a loro delle persone competenti. Possono essere dei tecnici, capaci di illustrare un dato argomento, possono essere gli attori del film da promuovere, possono essere i rappresentanti istituzionali competenti in un determinato settore. L'importante è che si tratti di persone qualificate a dare delle risposte sul tema della conferenza. In caso contrario l'evento si rivelerebbe un *flop*.

Una volta mi è stato chiesto di organizzare una conferenza stampa per promuovere un seminario nel corso del quale sarebbe stato presentato l'ultimo libro di un noto scrittore americano. Parlando con la responsabile della società che stava pianificando il seminario ci siamo accorte che c'erano dei problemi. Primo fra tutti, lo scrittore americano non sarebbe stato presente alla conferenza stampa perché sarebbe arrivato in Italia solo all'ultimo momento. Quando ho chiesto chi ci sarebbe stato sul tavolo degli oratori mi è stato risposto che ci sarebbe stato un rappresentante della società.

Perché un giornalista avrebbe dovuto intervenire alla conferenza stampa? Chi era quella persona chiamata a parlare per conto dello scrittore? Avrebbe potuto rispondere a delle domande specifiche sul libro?

Avanzando questi dubbi è stato chiaro che l'obiettivo della società organizzatrice non era promuovere il libro, ma sfruttare la presenza dello scrittore per far sì che più persone possibile prendessero parte all'evento, che era a pagamento.

A mio avviso la conferenza stampa non era la risposta giusta alle loro esigenze, anche perché avrebbe dovuto essere organizzata a ridosso dell'evento e molti media avrebbero riportato la notizia a seminario già iniziato. Ho quindi consigliato alla responsabile di scegliere un approccio diverso.

La presenza dello scrittore al seminario doveva iniziare a essere pubblicizzata un paio di mesi prima della data del seminario per consentire a un gran numero di persone di venire a conoscenza dell'evento e decidere se parteciparvi o meno. Bisognava fare un lavoro a tappeto su tutti media, inviando comunicati e contattando telefonicamente tutte le redazioni.

Un addetto stampa deve anche essere capace di scegliere il modo migliore per diffondere un messaggio. Cercate sempre di individuare l'obiettivo principale di chi vi commissiona un lavoro. Chiedetevi quali siano i suoi reali obiettivi e che cosa voglia ottenere da un riscontro sulla stampa.

Criteri per scegliere giorno orario e *location*

Il giorno migliore per organizzare una conferenza stampa è un giorno infrasettimanale e lavorativo. L'orario migliore è invece compreso tra le 10 e le 12,30, per consentire ai giornalisti di recarsi in redazione prima di venire alla conferenza e avere poi abbastanza tempo per lavorare sul pezzo.

Il giorno e l'orario in cui organizzare la conferenza stampa vengono scelti anche in base agli impegni della persona che la convoca. Un ministro, un assessore, un sindaco, il presidente di una società, hanno degli obblighi istituzionali da rispettare e a margine di questi ritagliano del tempo per rapportarsi con la stampa.

Anche la *location* deve essere scelta con cura. Se non si tratta di una sede istituzionale deve essere un luogo facilmente raggiungibile. Vanno quindi considerate e analizzate le caratteristiche tipiche della città in cui l'evento si svolge: evitate, ad esempio, di convocare la conferenza stampa in un'area soggetta a limitazioni o blocchi del traffico.

SEGRETO n. 28: è consigliabile organizzare la conferenza stampa in una giornata lavorativa e in tarda mattinata per consentire ai giornalisti di rispettare i tempi di consegna. La *location* deve essere facilmente raggiungibile.

La sala deve essere grande abbastanza da poter ospitare un buon numero di persone a sedere e se è molto grande deve essere dotata di un impianto audio per consentire a tutti di ascoltare le parole degli oratori. All'esterno della sala sarebbe poi consigliabile allestire un'area da dedicare agli accrediti, di cui parleremo in seguito.

Se la conferenza stampa viene organizzata in un orario che si avvicina a quello dei pasti è consigliabile prevedere anche un piccolo buffet.

L'addetto stampa dovrebbe fare un sopralluogo nei giorni che precedono la conferenza stampa per assicurarsi che la location sia adeguata. È compito suo assicurarsi che i responsabili della struttura predispongano la strumentazione necessaria al corretto svolgimento dell'evento e che tutto funzioni correttamente.

Come scrivere il comunicato di invito per la stampa

Deciso il giorno e individuata la *location*, l'addetto stampa può iniziare a lavorare per far sì che il maggior numero possibile di giornalisti partecipi alla conferenza stampa. Si tratta di un compito molto importante perché gli oratori si aspettano di trovare davanti a loro un pubblico numeroso e vogliono che più media possibile riprendano la notizia.

Quando a una conferenza stampa partecipano pochi giornalisti, l'insoddisfazione degli oratori si avverte prima che salgano sul palco. E posso assicurarvi che al termine dell'evento esprimeranno all'ufficio stampa tutta la loro disapprovazione.

Per evitare di trovarsi in situazioni come queste, mi è capitato di vedere addetti stampa che spacciavano per giornalisti persone che non lo erano affatto. Si tratta di un comportamento assolutamente poco professionale che alla prova dei fatti risulta inoltre controproducente.

La buona riuscita di conferenza stampa si misura dal riscontro che avrà sui media. Radunare una folta platea di giornalisti è un grosso risultato perché il numero delle presenze è rapportato al numero degli articoli o servizi che usciranno sull'argomento.

È anche vero che la notizia può essere ripresa dalle testate che non hanno inviato nessuno alla conferenza stampa, ma è più difficile che accada.

Alla luce di queste considerazioni, potete comprendere che molti addetti stampa risultano essere nervosi prima di una conferenza stampa.

Il mio consiglio è di non farsi mai soffocare dall'ansia del risultato. Per ottenere un esito positivo è sempre meglio svolgere il proprio lavoro con serenità. Non considerate una conferenza stampa come una prova difficile da superare, consideratela come una sfida da affrontare. Inseguite il risultato con curiosità e convinzione, divertitevi mentre lo fate perché vi state misurando con voi stessi. Avete la capacità e avete i mezzi per raggiungere l'obiettivo che voi stessi vi siete posti. Dovete solo compiere i passi giusti e seguirli con ordine. Vediamo come.

Innanzi tutto bisogna comunicare ai media che verrà organizzata una conferenza stampa. L'annuncio va inviato alle redazioni qualche giorno prima dell'evento. In questo modo consentiamo ai giornalisti di pianificare parte del loro lavoro e diamo ai capo redattori il tempo di decidere chi deve essere il cronista inviato a seguire la conferenza.

Questo lasso di tempo è anche necessario all'ufficio stampa per contattare tutti gli invitati, preparare il materiale necessario ed effettuare gli ultimi controlli prima dell'evento.

SEGRETO n. 29: il comunicato di invito deve essere breve, un semplice anticipo di quanto verrà detto in sede di conferenza stampa perché se forniamo tutte le informazioni necessarie non si presenterà nessuno. Nelle prime righe devono assolutamente essere indicati data, ora e luogo dell'appuntamento. A seguire devono essere indicati i nomi degli oratori che parteciperanno.

Ricontrollate sempre il comunicato prima di inviarlo, meglio uno scrupolo in più che uno in meno. Ogni tanto capita di ricevere qualche comunicato di invito a una conferenza stampa in cui non è indicato l'orario o qualche altro dato fondamentale. Ci vediamo dove? Quando? A che ora? Qual è l'argomento in oggetto? Chi c'è? Tenete sempre a mente la regola delle *5 W* e ricordate sempre: chiarezza e precisione!

Cosa fare se si è commesso un errore nell'invio del comunicato

Una svista può capitare e capita a tutti, soprattutto in periodi particolarmente intensi e stressanti. Quando capita, l'importante è accorgersi tempestivamente dell'errore commesso.

Se vi siete accorti di aver tralasciato un dato fondamentale, inserite velocemente quanto omesso e inviate nuovamente il comunicato a tutti i contatti indicando "Rettifica" prima del titolo, nell'oggetto del messaggio. Se avete già iniziato a fare il giro di telefonate, tornate indietro e iniziate nuovamente dal principio.

Come scrivere un comunicato di invito a una conferenza stampa

Ecco un esempio:

COMUNICATO STAMPA

Il Ministro della Salute (nome e cognome) presenta alla stampa il nuovo piano oncologico nazionale.

Si svolgerà martedì 10 settembre, alle ore 11,30 presso la sede del Ministero della Salute in Lungotevere Ripa 1, la conferenza stampa di presentazione del piano oncologico nazionale per il prossimo triennio. Parteciperanno il Ministro della Salute (nome e cognome) e il presidente della commissione oncologica nazionale prof. (nome e cognome).

Nel corso della conferenza, verranno illustrate alla stampa anche le nuove iniziative studiate dal Ministero a sostegno delle famiglie dei malati oncologici e verranno presentati i risultati dell'ultima ricerca del Prof. (nome e cognome).

Roma, 7 settembre 2010

Rispettando il principio delle 5 W abbiamo fornito in poche righe tutte le informazioni e le indicazioni necessarie.

Si svolgerà (quando) *martedì 10 settembre, alle ore 11,30,* (dove) *presso la sede del Ministero della Salute in Lungotevere Ripa 1,* (cosa) *la conferenza stampa di presentazione del piano oncologico nazionale per il prossimo triennio. Parteciperanno* (chi) *il Ministro della Salute (nome e cognome) e il presidente della commissione oncologica nazionale Prof. (nome e cognome).*

I giornalisti che ricevono l'invito non hanno dubbi sul dove e sul quando e sono allettati a partecipare all'evento dall'importanza del'argomento trattato. La presenza del Ministro competente in materia serve loro per riportare la sua dichiarazione politica, cioè la presa di posizione ufficiale del governo. La presenza di un professore esperto in materia è necessaria per spiegare tecnicamente cosa prevede il piano.

(perché) *Nel corso della conferenza, verranno illustrate alla stampa anche le nuove iniziative studiate dal Ministero a sostegno delle famiglie dei malati oncologici e verranno presentati i risultati dell'ultima ricerca del Prof. (nome e cognome).*

L'ultimo paragrafo del comunicato spiega il motivo che ha spinto a organizzare la conferenza stampa e fornisce qualche dato in più spiegando che nel corso dell'evento si parlerà anche di "nuove iniziative" a sostegno delle famiglie dei malati oncologici.

Seppur breve, questo comunicato è molto esaustivo e invoglia i giornalisti a partecipare. Il tema è di importanza nazionale, ci sono le persone che contano, verranno forniti dei dati sull'argomento.

Gli elementi essenziali ci sono tutti.

A chi inviare il comunicato di invito e come assicurarsi la presenza dei giornalisti alla conferenza stampa

Il comunicato stampa che annuncia la conferenza va inviato qualche giorno prima dell'evento a tutti i contatti che seguono abitualmente l'attività dell'ufficio stampa, ai capo redattori delle varie testate, alle segreterie delle redazioni, alla stampa di settore e a tutti i nuovi contatti che si possono riuscire a individuare.

Trattandosi di un annuncio, questo comunicato non sarà ripreso dai media il giorno successivo a quello in cui lo abbiamo inviato. Non è e non fornisce di per sé una notizia, ma si tratta di un invito per i giornalisti. La notizia verrà pubblicata dai media il giorno stesso o il giorno successivo alla conferenza, a seconda delle caratteristiche del mezzo che la riprende.

Dopo aver inviato il comunicato di invito alla conferenza stampa bisogna iniziare il *recall* telefonico.

SEGRETO n. 30: dobbiamo assicurarci che l'invito alla conferenza stampa venga preso in considerazione e questo lo facciamo chiamando tutti i nostri contatti per sapere se il comunicato spedito via mail è arrivato, se parteciperà qualcuno della redazione, se hanno già deciso chi invieranno.

Mentre facciamo questo lavoro, in genere il giorno prima della conferenza, è opportuno stilare una lista di nominativi e recapiti dei giornalisti che confermano la presenza all'evento. In questo modo possiamo già avere un'idea sul numero dei partecipanti e sapere quali testate daranno spazio alla notizia. I recapiti telefonici sono utili anche il giorno della conferenza: potremmo aver bisogno di contattare i giornalisti che hanno confermato la loro presenza in caso insorga qualche problema. Per avere un pubblico numeroso, oltre ai contatti abituali si deve anche fare un lavoro di ricerca individuando tutti i media, anche locali, che possono essere interessati alla notizia oggetto della conferenza stampa. Più giornalisti parteciperanno, più gli oratori saranno soddisfatti. Questo lavoro di ricerca vi consente anche di ampliare la vostra *mailing list* e di conoscere altri colleghi.

Ecco un piccolo segreto: vi consiglio di inviare il comunicato anche ai collaboratori *freelance* delle varie redazioni, che essendo pagati “a pezzo”, in base cioè a quanto lavorano, hanno tutto l’interesse a essere inviati dalla propria redazione all’evento.

Come sfruttare le pagine degli appuntamenti per pubblicizzare la conferenza stampa

Ci sono delle redazioni che dedicano uno spazio all’“agenda”. Hanno cioè una pagina quotidiana dedicata a ospitare gli appuntamenti istituzionali, gli eventi e le conferenze stampa in programma. Mi vengono in mente le agenzie come *Il Velino* o come l’*Agi*.

Ci sono anche dei giornali on line che offrono la possibilità di pubblicare i comunicati stampa. Queste redazioni creano una sorta di elenco in cui raccolgono tutti gli appuntamenti principali che si svolgono nell'arco della giornata, indicando anche orario e luogo per poterli seguire. Compito dell'ufficio stampa è scovare tutti i media che offrono questo servizio e assicurarsi tramite un *recall* telefonico che l'annuncio della conferenza stampa venga ripreso.

SEGRETO n. 31: vanno contattate le testate che pubblicano gli appuntamenti della giornata per far inserire l'annuncio della conferenza stampa.

Posizionare il proprio annuncio in queste pagine è molto importante perché molte redazioni le prendono come punto di riferimento per pianificare il lavoro della giornata. Il nostro annuncio può quindi essere letto anche da colleghi che non abbiamo contattato direttamente, ma che possono essere interessati all'argomento della conferenza.

Come gestire gli eventi particolarmente importanti e assicurarsi la copertura dei media

La presentazione dell'Ufficio Nazionale Antidiscriminazioni Razziali (Unar) nel 2004, fu un evento particolarmente importante. Per l'occasione, il Dipartimento per le Pari Opportunità della Presidenza del Consiglio dei Ministri affittò una sala dell'Hotel Exedra nella centralissima piazza della Repubblica a Roma e vennero invitati a partecipare Ministri, sottosegretari, amministratori locali, esponenti dell'Onu e della Commissione Europea.

Mentre all'interno dell'Hotel si svolgeva un convegno internazionale sul tema dell'integrazione razziale, all'esterno stazionava il tir della Campagna Europea denominata "For diversity against discrimination" che distribuiva materiale informativo e divulgativo per l'azione di sensibilizzazione contro il razzismo, condotta in tutti i paesi dell'Unione. All'evento presero parte anche personaggi popolari del mondo dello spettacolo, del giornalismo, dello sport.

Dal punto di vista mediatico doveva essere un successo e le basi perché così fosse c'erano tutte. Oltre ai soliti giornalisti che seguivano l'attività del Ministro per le Pari Opportunità, vista la presenza degli ospiti sopra elencati, noi dell'ufficio stampa potevamo contattare anche i giornalisti stranieri, i giornalisti sportivi, i giornalisti che si occupavano di spettacolo e quelli della cronaca di Roma.

Iniziammo a preparare la presentazione un paio di settimane prima e, per sottolineare l'importanza dell'evento, oltre al comunicato di annuncio vennero inviate a tutti i direttori delle varie testate delle lettere ufficiali di invito, firmate dal Ministro per le Pari Opportunità.

SEGRETO n. 32: in occasioni particolarmente importanti insieme al comunicato stampa possono essere inviati degli inviti ufficiali.

Gli elementi c'erano tutti. C'era la notizia, c'erano le personalità, c'era molto materiale su cui lavorare. Noi dell'ufficio stampa abbiamo passato ore intere a chiamare tutte le redazioni, lavorando di concerto anche con gli uffici stampa delle personalità che parteciparono e con gli uffici stampa delle società sportive di cui gli atleti ospiti facevano parte.

La giornata della presentazione fu lunga, ma dal punto di vista mediatico fu anche un grande successo. Le lettere di invito sortirono il loro effetto: i direttori chiamati a partecipare all'evento da un Ministro della Repubblica italiana mandarono degli inviati a seguire l'evento e dal lavoro svolto insieme agli altri uffici stampa raggiungemmo numerosi giornalisti di settori con i quali normalmente non ci rapportavamo.

La lista degli accrediti contava diverse pagine di nominativi, la notizia uscì ovunque e continuò a uscire anche nei giorni successivi all'evento.

Cosa fare se i giornalisti sono interessati alla notizia, ma sono impossibilitati a partecipare alla conferenza stampa

Può capitare che alcune redazioni siano interessate al tema della conferenza stampa, ma non abbiano mezzi e risorse per seguire l'evento.

Questa eventualità si verifica talvolta nelle redazioni più piccole, in cui lavorano pochi giornalisti e pochi operatori.

Dal *recall* telefonico sappiamo che c'è lo spazio per far uscire la notizia, ma sappiamo anche che ci sono delle difficoltà alla pubblicazione o alla messa in onda a causa delle limitate risorse della redazione.

Un buon ufficio stampa può facilmente aggirare questi ostacoli. Vi illustro in che modo.

Qualche anno fa, ho organizzato una conferenza stampa per presentare un evento che si sarebbe svolto a Roma. Dal riscontro telefonico è emerso che un paio di redazioni televisive locali avevano difficoltà a partecipare all'evento perché non avevano operatori o giornalisti disponibili.

Ecco quindi che cosa ho fatto. Mi sono accordata con il capo redattore e ho inviato in redazione un testo completo sull'evento presentato. Ho chiesto a un operatore amico di girare delle immagini di repertorio e un video della presentazione e ho fatto consegnare la cassetta presso gli studi televisivi. Ho servito loro il testo e le immagini e i servizi sono andati in onda.

Come preparare il materiale informativo: la cartella stampa

I giornalisti che intervengono a una conferenza stampa si aspettando di ricevere del materiale informativo su cui poter lavorare. Compito dell'ufficio stampa è quindi quello di preparare la "cartella stampa" dell'evento.

In una cartellina, possibilmente con l'intestazione dell'Ente che organizza la conferenza, vanno inseriti il comunicato di invito che è stato inviato; il comunicato post conferenza che amplia l'argomento trattato e riporta le dichiarazioni di tutti gli oratori; i dati e le statistiche in nostro possesso; il materiale cartaceo o multimediale che si riesce a trovare sull'argomento della conferenza.

Se gli intervenuti hanno un proprio ufficio stampa di riferimento è probabile che vogliano inserire in cartella stampa un comunicato personale. Se invece si decide di scrivere un comunicato stampa congiunto, che riporti le dichiarazioni di tutti i presenti, è bene rispettare le competenze e la professionalità dei colleghi degli altri uffici stampa interessati. Ciò significa che l'addetto stampa dell'ente organizzatore deve contattare il collega dell'altro ufficio stampa coinvolto farsi inviare una dichiarazione da inserire nel comunicato stampa.

Quando capita di lavorare con addetti stampa di altri Enti o aziende è pratica comune quella di lavorare di comune accordo per la buona riuscita dell'evento. Queste, a mio avviso, sono ottime occasioni di crescita perché si può confrontare il proprio metodo lavorativo con quello adottato dagli altri colleghi.

SEGRETO n. 33: nella cartella stampa va inserito più materiale possibile, cartaceo o multimediale: comunicati stampa, brochure dell'evento, locandine, cd audio video dell'evento, cd con fotografie in alta risoluzione adatte alla pubblicazione.

È bene inserire anche dei fogli bianchi per appunti e una penna. Possono inoltre essere inseriti i biglietti da visita di coloro che partecipano alla conferenza e i recapiti dei loro addetti stampa.

Come organizzare il lavoro il giorno della conferenza stampa

Il giorno della conferenza stampa l'addetto stampa deve essere presente sul luogo. È bene arrivare con un po' di anticipo, per controllare l'allestimento della sala e verificare che tutto sia in ordine e funzionante, soprattutto gli impianti audio/video.

L'addetto stampa deve portare con sé il materiale che ha preparato, la *mailing list* e l'elenco di nominativi che ha raccolto nel corso del *recall* telefonico effettuato dopo l'invio del comunicato di invito.

Se la location lo consente, è consigliabile allestire all'ingresso della sala un tavolo da dedicare all'accoglienza dei giornalisti su cui appoggiare le cartelle stampa e altro materiale disponibile come video o pubblicazioni. Sul tavolo verrà posizionato anche il modulo per gli "accrediti" dove i giornalisti si registreranno prima di ricevere la cartella stampa.

Il modulo per gli "accrediti" serve per conoscere quali e quante testate hanno preso parte alla conferenza stampa.

È utile inoltre per avere nuovi recapiti di giornalisti. Il modulo va preparato prima della conferenza stampa. Si tratta di un foglio prestampato in cui va inserita una tabella word con quattro colonne: nome, testata, telefono, email.

Esempio:

NOME	TESTATA	TELEFONO	MAIL
Mario Rossi	Agi	333….	rossi@agi.it

Ogni giornalista che arriverà alla conferenza stampa si registrerà e riceverà il *press kit* dell'evento.

SEGRETO n. 34: i dati che raccoglierete attraverso gli accrediti stampa saranno utilissimi per due ragioni: per sapere dove uscirà la notizia e per aggiungere nuovi nomi alla vostra *mailing list*.

Avete bisogno anche di un blocco per gli appunti, per registrare tutte le varie richieste dei giornalisti. Alcuni, soprattutto quelli radiofonici e televisivi, potrebbero chiedervi di avere qualche minuto per intervistare separatamente qualcuno degli oratori, altri potrebbero chiedervi del materiale aggiuntivo o informazioni alle quali in quel momento non sapete rispondere. Scrivete tutte le richieste ed evadetele in ordine di tempo e di importanza, facendo attenzione a rispettare i tempi di scadenza delle redazioni.

Nel corso della conferenza stampa osservate la sala per assicurarvi che tutto proceda alla perfezione. Cercate di notare se gli oratori dal palco o qualcuno dalla platea cerca di attirare la vostra attenzione. Con molta discrezione, date ascolto a tutti.

Quando gli oratori avranno concluso la loro esposizione viene data ai giornalisti la possibilità di rivolgere delle domande. Alcuni giornalisti sono molto puntigliosi, altri tentano sempre di mettere in difficoltà gli intervistati. Se ritenete possa crearsi una situazione simile dovete avvertire gli oratori, per far sì che non si sentano aggrediti dalle domande e siano pronti ad affrontare l'interlocutore.

Al termine dalla conferenza, quando gli oratori scendono dal palco, viene dedicato del tempo alle interviste singole. Questa è una necessità che avvertono soprattutto i giornalisti radiotelevisivi che, proprio per le caratteristiche del mezzo per il quale lavorano, hanno la necessità di fare delle riprese in primo piano o di avere delle "battute" (delle dichiarazioni) da inserire nel servizio. L'addetto stampa deve assicurarsi che tutto si svolga con ordine e che tutti i giornalisti ottengano la ripresa o la dichiarazione di cui hanno bisogno.

Quando vi trovate in una situazione come questa, cercate di preparare gli oratori: se avete appuntato un elenco di richieste di interviste potete anticipare loro per quale testata lavorano i giornalisti e quali sono le domande che vogliono porre. In questo modo potete evitare il nascere di situazioni imbarazzanti. Ascoltate l'intervista, non permettete mai ai giornalisti di mettere in difficoltà gli oratori. Non lasciate la sala fino a quando non siano andati via tutti i giornalisti.

Tornati in ufficio inviate il comunicato stampa conclusivo dell'evento (magari quello che avete inserito in cartella stampa), alle testate che non hanno mandato inviati alla conferenza. Fate questo lavoro soprattutto con le agenzie di stampa di cui avete notato l'assenza. Passate quindi a evadere le ultime richieste che vi sono state rivolte dai giornalisti intervenuti.

RIEPILOGO DEL CAPITOLO 5:

- SEGRETO n. 27: la conferenza stampa è un evento in cui uno o più oratori competenti in materia illustrano una notizia alla stampa e rispondono a eventuali domande di approfondimento sul tema.
- SEGRETO n. 28: è consigliabile organizzare la conferenza stampa in una giornata lavorativa e in tarda mattinata per consentire ai giornalisti di rispettare i tempi di consegna. La *location* deve essere facilmente raggiungibile.
- SEGRETO n. 29: il comunicato di invito deve essere breve, un semplice anticipo di quanto verrà detto in sede di conferenza stampa perché se forniamo tutte le informazioni necessarie non si presenterà nessuno. Nelle prime righe devono assolutamente essere indicati data, ora e luogo dell'appuntamento. A seguire devono essere indicati i nomi degli oratori che parteciperanno.
- SEGRETO n. 30: dobbiamo assicurarci che l'invito alla conferenza stampa venga preso in considerazione e questo lo facciamo chiamando tutti i nostri contatti per sapere se il comunicato spedito via mail è arrivato, se parteciperà qualcuno della redazione, se hanno già deciso chi invieranno.
- SEGRETO n. 31: vanno contattate le testate che pubblicano

gli appuntamenti della giornata per far inserire l'annuncio della conferenza stampa.

- SEGRETO n. 32: in occasioni particolarmente importanti insieme al comunicato stampa possono essere inviati degli inviti ufficiali.
- SEGRETO n. 33: nella cartella stampa va inserito più materiale possibile, cartaceo o multimediale: comunicati stampa, brochure dell'evento, locandine, cd audio video dell'evento, cd con fotografie in alta risoluzione adatte alla pubblicazione.
- SEGRETO n. 34: i dati che raccoglierete attraverso gli accrediti stampa saranno utilissimi per due ragioni: per sapere dove uscirà la notizia e per aggiungere nuovi nomi alla vostra *mailing list*.

CAPITOLO 6:
Come effettuare il monitoraggio della notizia

Ogni mattina l'ufficio stampa cura la realizzazione della rassegna stampa quotidiana selezionando le principali notizie di interesse pubblicate dai giornali. Questo lavoro di ricerca è chiamato "monitoraggio".

La ricerca delle notizie è un lavoro che richiede particolare attenzione, ma che va fatto molto in fretta per fare in modo che la rassegna stampa sia pronta entro le 9,30 o al massimo per le 10,00 del mattino.

Il monitoraggio si esegue quindi di prima mattina leggendo tutti i giornali, i settimanali e i mensili e viene effettuato per controllare la presenza di eventuali citazioni, per verificare che il messaggio trasmesso attraverso un comunicato sia stato veicolato dai media in modo corretto, per studiare la concorrenza e per conoscere lo scenario generale di riferimento.

SEGRETO n. 35: il monitoraggio delle notizie è un lavoro di ricerca vero e proprio che l'addetto stampa compie di prima mattina, appena arrivato in ufficio. Il risultato è la rassegna stampa quotidiana che raccoglie tutti gli articoli di interesse e tutti gli articoli in cui viene citata la persona o l'azienda per cui lavora.

Nel corso della giornata lavorativa l'ufficio stampa deve inoltre recuperare le registrazioni dei telegiornali, dei giornali radio e di tutte le trasmissioni in cui presenzia o viene citata la persona o l'azienda seguita dall'ufficio stampa. Il monitoraggio è quindi sia cartaceo che multimediale.

Le notizie vanno monitorate tutti i giorni dell'anno, compresi i festivi. Non esistono eccezioni. Questo perché i giornali, a esclusione di festività come il Natale, sono sempre in edicola e i telegiornali vanno sempre in onda. Saltare un solo giorno il lavoro di monitoraggio potrebbe significare perdere di vista una notizia di interesse fondamentale per l'attività dell'azienda. Inoltre potrebbe sempre uscire un articolo di interesse o una citazione anche se il giorno precedente non sono stati inviati comunicati.

È chiaro che non è materialmente possibile leggere a fondo tutti i quotidiani tutti i giorni. Il trucco è leggere le notizie del settore che ci riguarda. Se lavoriamo come addetto stampa per un assessore regionale all'ambiente leggeremo con attenzione gli articoli che parlano di temi ambientali, ma anche quelli che parlano dell'attività politica e istituzionale della nostra regione di riferimento e butteremo lo sguardo anche sugli articoli che approfondiscono l'attività del partito di cui il nostro assessore fa parte. Capita spesso infatti che chi ricopre delle cariche istituzionali occupi anche posizioni di rilievo all'interno del suo partito.

La capacità di riconoscere velocemente l'importanza o meno di una notizia si acquisisce nel tempo, con la pratica e con l'esperienza. Se all'inizio può apparire difficoltoso posso assicurarvi che dopo un breve periodo si impara a "fiutare" il peso di una notizia solo leggendo il titolo e il sottotitolo di un articolo.

Come effettuare il monitoraggio se è stato inviato un comunicato stampa

Ogni volta che viene inviato un comunicato stampa bisogna

controllare che la notizia venga ripresa dai media in modo corretto e che non sia stata stravolta nel suo significato originale.

SEGRETO n. 36: il lavoro di monitoraggio successivo all'invio di un comunicato ha un duplice obiettivo: accertare quali e quante testate abbiano pubblicato la notizia e in che modo.

Se è stata inviata una dichiarazione su un tema caldo dell'agenda mediatica potrebbe essere stata messa a confronto con altre dichiarazioni o inserita in un contesto negativo per l'intervistato. Oppure potrebbe essere stata messa in risalto. Il lavoro di monitoraggio serve anche ad accertare tutto questo e a decidere se e come agire di conseguenza.

Il giorno successivo all'invio di un comunicato la prima cosa da fare è raccogliere tutti gli articoli usciti sull'argomento e poi selezionare le altre notizie di interesse.

Questo lavoro è più facile di quanto si possa immaginare.

Nel capitolo precedente abbiamo parlato dell'importanza del *recall* telefonico per conoscere in anticipo quali testate riprenderanno la notizia. Se nel corso delle telefonate abbiamo avuto l'attenzione di appuntare nome del giornalista e della testata, abbiamo in mano il nostro elenco a cui fare riferimento nel corso del lavoro di monitoraggio. Inizieremo quindi il lavoro di monitoraggio sfogliando per primi i giornali che ci hanno assicurato la pubblicazione del comunicato e successivamente tutti gli altri.

A volte capita che per motivi di spazio o per problemi interni alla redazione il comunicato non venga pubblicato anche se dal *recall* telefonico avevamo ottenuto una risposta positiva. In casi come questo è opportuno contattare nuovamente il redattore con cui avevamo parlato e domandare se la pubblicazione è stata semplicemente rimandata al giorno successivo.

Bisogna dimostrare di essere molto professionali, cercando di comprendere i motivi che hanno portato alla mancata pubblicazione e spingendo perché la notizia venga ripresa nei giorni successivi. Il tutto senza risultare troppo insistenti.

Altri piccoli trucchi per sapere dove e quando troveremo una citazione

Come già abbiamo accennato nei capitoli precedenti, un addetto stampa che svolge bene il suo lavoro ha la possibilità di sapere in anticipo dove uscirà la notizia che promuove.

Un aiuto importante, se abbiamo organizzato una conferenza stampa, ci viene degli accrediti stampa. I giornalisti che hanno preso parte alla conferenza scriveranno sicuramente il loro articolo. Con il foglio degli accrediti in mano abbiamo un elenco completo dei giornali, telegiornali, agenzie di stampa dove possiamo andare a ricercare la nostra notizia.

Il Monitoraggio va quindi effettuato tenendo conto dei diversi tempi di pubblicazione dei mezzi di informazione. Un quotidiano farà uscire la notizia il giorno dopo la conferenza stampa, un giornale on line è facile che la pubblichi il giorno stesso, un telegiornale o un radiogiornale ha la possibilità di proporla nelle varie edizioni che vanno in onda dopo la fine della conferenza stampa.

Se invece la persona che seguiamo è invitata a presenziare a un evento, a un manifestazione, a un convegno, possiamo appuntarci i nomi dei giornalisti presenti. In alternativa possiamo fare riferimento all'ufficio stampa del partito, sindacato o ente organizzatore per avere l'elenco dei giornalisti presenti o per farci inviare una copia della rassegna stampa.

SEGRETO n. 37: possiamo sapere in anticipo dove uscirà la notizia grazie agli accrediti stampa, al *recall* telefonico, alla collaborazione con gli altri uffici stampa.

Ricordate sempre di controllare l'uscita della notizia anche nei giorni successivi all'evento. Questo discorso vale soprattutto per le riviste settimanali o mensili.

Come scegliere le notizie per comporre una rassegna stampa

In ambito politico viene data molta importanza alla rassegna stampa. I media vengono usati per farsi conoscere e per conoscere. Chiunque ricopra una carica elettiva ha sempre bisogno di essere informato su quanto avviene nel suo settore di interesse e deve conoscere il clima politico in cui vive e lavora.

Capita spesso che i giornalisti fermino i politici al termine di un incontro o di una riunione istituzionale, per avere la loro opinione sul fatto della giornata, su quanto avvenuto all'interno di un partito o sulla posizione di un avversario politico. Ecco perché per loro è molto importante leggere la rassegna stampa di mattina, prima di intraprendere le varie attività della giornata.

Allo stesso modo, anche l'addetto stampa deve essere sempre aggiornato, per rispondere con competenza alle varie richieste dei giornalisti e per supportare l'attività della persona che segue.

Personalmente ritengo che imparare ad assemblare una rassegna stampa, selezionando con cura e con criterio le notizie, sia una delle basi indispensabili del mestiere.

SEGRETO n. 38: per assemblare una rassegna stampa bisogna selezionare con cura le notizie dando la precedenza alle citazioni. A seguire devono essere raccolti gli articoli che riguardano la propria area di attività e poi quelli di interesse generale.

Ogni ufficio stampa decide la struttura della sua rassegna stampa. Gli articoli non vanno raccolti alla rinfusa, ma seguendo un criterio preciso e ordinato come potrebbe essere il seguente:

- copertina: potete realizzare la copertina al computer inserendo il logo dell'ente o dell'azienda, se volete un'immagine, il giorno e la data del giorno;
- sommario: è un elenco di tutti gli articoli presenti in rassegna, ordinati in ordine alfabetico. Vi consiglio di elencare prima gli articoli contenenti le citazioni e poi gli altri. Per semplicità potete indicare il nome della testata, il titolo dell'articolo, il nome del giornalista che lo ha firmato, la pagina di riferimento sul giornale. Il sommario, se ben strutturato, è uno strumento molto utile quando si fa una ricerca perché ci consente di individuare velocemente ciò di cui abbiamo bisogno;
- citazioni: la prima sezione della rassegna va dedicata a tutti gli articoli che contengono citazioni;
- articoli di settore: sono necessari a chi legge per essere aggiornato sulle ultime novità del suo settore lavorativo di appartenenza o sull'attività dei concorrenti;

- articoli dell'area politica/amministrativa di riferimento: sono tutte le notizie che possono avere una qualche influenza sull'attività dell'azienda o della persona;
- articoli di interesse generale: per essere aggiornati sui principali temi della giornata.

Come assemblare la rassegna stampa

Dopo aver individuato tutti gli articoli di interesse bisogna assemblare materialmente la rassegna stampa. Per fare questo bisogna estrapolare gli articoli selezionati, ridurli in formato A4 e radunarli insieme, spillandoli o rilegandoli, per formare una sorta di libretto.

Gli articoli vengono scritti in colonne e per farli entrare in un foglio A4 possiamo avvalerci dell'utilizzo di una fotocopiatrice. Usando lo zoom che riduce o ingrandisce e ritagliando le varie fotocopie possiamo far entrare in una o due pagine anche un articolo di più colonne.

SEGRETO n. 39: in ogni foglio della rassegna stampa deve essere indicato in alto a sinistra il nome della testata da cui è

stato estrapolato il pezzo, in alto a destra la data e la pagina del giornale. Seguono il titolo, il sottotitolo e l'articolo.

Alcuni addetti stampa lavorano ritagliando i giornali e incollando le colonne sui fogli. Negli uffici stampa in cui ho lavorato abbiamo sempre preferito lavorare sulle fotocopie e conservare i giornali integri per riutilizzarli nel caso ci fosse sfuggito qualcosa o per una nuova ricerca.

Ecco un piccolo suggerimento. Prima di mettervi al lavoro armati di forbici, giornali e fotocopiatrice usate Internet. Prima di tutto collegatevi al sito della Camera dei Deputati che offre un ottimo servizio di rassegna stampa accessibile a tutti e dà la possibilità di scaricare gli articoli selezionati. Magari potete trovare proprio l'articolo che vi interessa. Consultate poi i siti dei vari giornali per vedere se l'articolo è già on line e se lo potete scaricare.

Fate anche una ricerca per controllare se la notizia è stata ripresa anche dai siti di informazione. Vi consiglio di inserire anche questo materiale per comporre una rassegna stampa più corposa.

Come sfruttare la collaborazione con le società di monitoraggio per ottenere una rassegna stampa professionale

Esistono delle società che effettuano il monitoraggio delle notizie per conto degli uffici stampa. *L'Eco della Stampa* e *Datastampa* sono le prime due che mi vengono in mente. Queste società, affidandosi a personale specializzato, iniziano a monitorare le notizie già nelle prime ore del mattino, leggendo le prime edizioni dei giornali consegnate alle edicole.

A seconda degli accordi intercorsi con i diversi uffici stampa, propongono diversi tipi di servizi che vanno dall'invio telematico della rassegna, alla rilegatura di una rassegna stampa cartacea che viene consegnata di prima mattina nelle sedi degli uffici che ne fanno richiesta. Queste società si occupano inoltre di monitorare telegiornali radiofonici e televisivi e inviano i servizi agli uffici stampa via email o su formato cd.

SEGRETO n. 40: le società di monitoraggio compongono la rassegna su richiesta degli uffici stampa basandosi sugli argomenti di interesse che vengono concordati.

Attraverso delle parole chiave, che vengono fornite dagli uffici stampa, le società di monitoraggio ricercano gli articoli e compongono la rassegna.

I "lettori", che già dalle prime ore del mattino iniziano a monitorare le prime edizioni dei quotidiani, basano la loro ricerca sulle indicazioni che arrivano dai clienti degli uffici stampa.

Gli addetti stampa per coadiuvare questo lavoro di ricerca devono avere la premura di inviare alla loro attenzione tutti i comunicati stampa che scrivono. Devono anche informarli sugli appuntamenti elettorali del proprio candidato, sugli eventi organizzati dal proprio ente, sulle manifestazioni a cui partecipa il presidente della società o del sindacato interessato.

È un vero e proprio lavoro di concerto finalizzato a ottenere un prodotto che possa soddisfare le esigenze di entrambe le parti.

Anche se si avvale del supporto di una società di monitoraggio l'ufficio stampa deve comunque controllare i giornali.

Può infatti capitare che ai lettori sfugga un articolo, o che una notizia di interesse non venga inserita nella rassegna. Una semplice telefonata risolve il problema e l'articolo mancante viene inviato nel giro di pochi minuti.

RIEPILOGO DEL CAPITOLO 6:

- SEGRETO n. 35: il monitoraggio delle notizie è un lavoro di ricerca vero e proprio che l'addetto stampa compie di prima mattina, appena arrivato in ufficio. Il risultato è la rassegna stampa quotidiana che raccoglie tutti gli articoli di interesse e tutti gli articoli in cui viene citata la persona o l'azienda per cui lavora.
- SEGRETO n. 36: il lavoro di monitoraggio successivo all'invio di un comunicato ha un duplice obiettivo: accertare quali e quante testate abbiano pubblicato la notizia e in che modo.
- SEGRETO n. 37: possiamo sapere in anticipo dove uscirà la notizia grazie agli accrediti stampa, al *recall* telefonico, alla collaborazione con gli altri uffici stampa.
- SEGRETO n. 38: per assemblare una rassegna stampa bisogna selezionare con cura le notizie dando la precedenza alle citazioni. A seguire devono essere raccolti gli articoli che riguardano la propria area di attività e poi quelli di interesse generale.
- SEGRETO n. 39: in ogni foglio della rassegna stampa deve essere indicato in alto a sinistra il nome della testata da cui è stato estrapolato il pezzo, in alto a destra la data e la pagina del giornale. Seguono il titolo, il sottotitolo e l'articolo.

- SEGRETO n. 40: le società di monitoraggio compongono la rassegna su richiesta degli uffici stampa basandosi sugli argomenti di interesse che vengono concordati.

CAPITOLO 7:
Come gestire il lavoro di routine

Come avviene in ogni ufficio del mondo, anche gli uffici stampa sono soggetti a una *routine* lavorativa. Ci sono degli orari e delle scadenze fisse, come la rassegna stampa di prima mattina, il limite di orario per inviare i comunicati, il buco della tarda mattinata in cui è inutile chiamare le redazioni perché i giornalisti sono in riunione.

A differenza degli altri uffici, però, oltre a questi punti fissi nello svolgimento del lavoro, gli addetti stampa sono soggetti a numerosi imprevisti e devono gestire molti stimoli diversi.

Tutti hanno qualcosa da chiedere all'ufficio stampa. Ci sono i colleghi che chiedono consigli su cosa dire se chiamati a presenziare a un evento per conto della struttura in cui lavorano, ci sono dirigenti che sottopongono i dipendenti ai loro umori altalenati, ci sono capi che chiedono agli addetti stampa di far uscire delle notizie per conto di loro amici ai quali magari devono un favore.

Ci sono poi gli imprevisti dell'ultimo momento: le conferenze stampa da organizzare nel giro di un giorno perché si tratta di una notizia di vitale importanza, ci sono le strategie di comunicazione dell'ente da pianificare.

SEGRETO n. 41: il lavoro di ufficio stampa è spesso frenetico e stressante. L'importante è non farsi mai prendere dal panico e dare sempre l'impressione di avere sotto controllo la situazione.

Se vi trovate in situazioni complesse, e se lavorate in un ufficio stampa vi capiterà, tirate un respiro profondo e affrontate tutto con calma e con determinazione.

Ci sono momenti in cui entrano tutti nel vostro ufficio con delle richieste assurde. Ricordate sempre che siete dei professionisti e comportatevi di conseguenza. Magari qualcuno vi chiederà di mandare un comunicato stampa alle dieci di sera. Spiegate qual è il corretto funzionamento dei procedimenti mediatici, se poi insiste, inviate lo stesso questo comunicato.

Non lo riprenderà nessuno, ma avrete dato al capo ciò che voleva in quel momento: essere preso in considerazione. Bisogna imparare anche questo.

Come gestire le notizie improvvise

Vi capiterà mille volte di iniziare un lavoro e poi interromperlo per iniziare un lavoro più importante. Magari state scrivendo le risposte di un'intervista che il giornalista vi ha chiesto di consegnare per il giorno dopo e mentre digitate sulla tastiera il segnale di allarme delle agenzie di stampa vi porta a leggere sullo schermo una notizia che non potete ignorare, come, per esempio, un attacco rivolto alla persona per cui lavorate.

Quando lavoravo al dipartimento per le Pari Opportunità è morto Papa Giovanni Paolo II. Ciampi, allora Presidente della Repubblica Italiana, venne ricoverato in ospedale per un intervento chirurgico. Ci fu una crisi di Governo e un successivo rimpasto. Queste, come potete immaginare, sono notizie che non possono essere ignorate, soprattutto quando lavori per un Ministro.

Appena apprese queste notizie abbiamo dovuto subito attivarci. Prima di tutto abbiamo informato il Ministro e abbiamo sentito cosa volesse dire in proposito.

Abbiamo quindi inviato una dichiarazione alle agenzie sulla morte del Papa, abbiamo inviato un telegramma al Presidente della Repubblica e ne abbiamo dato notizia alla redazione, abbiamo rilasciato dichiarazioni sulla crisi del Governo di cui il Ministro faceva parte. Tutto ciò in tempi stretti per consentire che le dichiarazioni venissero riprese e non si perdessero nel mare delle altre dichiarazioni.

Se non lo avessimo fatto avremmo perso l'opportunità di far uscire l'opinione del Ministro sulla stampa.

Ricordate che il lavoro di un ufficio stampa serve a dare visibilità. Se avessimo ignorato queste notizie avremmo svolto male il nostro lavoro.

SEGRETO n. 42: è fondamentale imparare a riconoscere quali siano le notizie importanti per la persona o per l'azienda per cui lavoriamo.

Appena esce un lancio di agenzia che riporta una notizia importante per la persona per cui lavoriamo, dobbiamo stamparla e correre velocemente verso la sua stanza per fargliela leggere. Se non è in sede alziamo la cornetta del telefono e gliela comunichiamo a voce. Dobbiamo mettere il nostro capo in condizione di esprimere la sua opinione e poi dobbiamo farla conoscere al mondo mediatico.

Attenzione a non tartassare il capo con telefonate inutili. Deve essere contattato solo per le notizie della massima urgenza o che richiedano una risposta immediata. Se nell'ufficio c'è un portavoce è opportuno sottoporre i lanci di agenzia alla sua attenzione e lasciar decidere a lui come e se agire di conseguenza.

Dobbiamo segnalare in primo luogo tutte le notizie in cui la persona per cui lavoriamo viene citata come individuo o come carica ricoperta, tutte le notizie relative all'attività del suo ente o della sua azienda, al suo settore di competenza o di appartenenza. Dobbiamo inoltre segnalare tutte le notizie relative alle cause che sposa. È un meccanismo che con il tempo diventa automatico.

Farsi sfuggire una notizia è un grosso errore non solo perché perdiamo l'opportunità di replicare, ma anche perché ci sarà sempre qualcuno che casualmente ne parlerà con il capo. E noi di conseguenza saremo etichettati come incompetenti. Se ci sfugge una cosa, qualcun altro la nota. Non chiedetemi il motivo di questo, ma accade sempre.

Come organizzare il lavoro di routine: interviste, discorsi, messaggi di saluto.

Una cosa a cui dovete abituarvi lavorando all'interno di un ufficio stampa, sono i ritmi altalenanti. Ci sono momenti di calma assoluta che passate leggendo agenzie inutili, alternati a momenti di panico folle, con telefoni che squillano in continuazione, scadenze che si accumulano e soccombono sotto lavori improvvisi e persone diverse che entrano nella vostra stanza pretendendo risposte immediate e in contemporanea.

Non ci potete fare nulla. Mettetevi l'anima in pace perché è tutto nella norma. Evadete le richieste seguendo un ordine di priorità. L'unica cosa che potete fare per aiutarvi un po' è cercare di organizzare al meglio il lavoro che potete pianificare. In questo può esservi d'aiuto l'agenda degli appuntamenti della persona che seguite. Se ricopre una carica istituzionale avrà degli impegni da rispettare, riunioni politiche, inviti e via dicendo.

SEGRETO n. 43: conoscendo in anticipo gli appuntamenti in agenda potete organizzare parte del lavoro come la stesura di discorsi, messaggi di saluto e interviste.

Potete pianificare le interviste con i giornalisti che le richiedono, accordandovi, quando possibile, su un giorno di scadenza. A volte i giornalisti non vengono di persona, possono fissare un appuntamento telefonico, oppure possono chiedervi di scrivere le risposte alle domande che inviano via mail. Questa è una cosa che potete gestire.

Se il vostro capo deve presenziare a un convegno, probabilmente avrà bisogno di un testo da leggere davanti al pubblico. L'invito al convegno arriva sempre qualche giorno prima, a volte anche settimane prima. Se dovete scrivere un discorso avete quindi tutto il tempo di farlo.

Se la persona che seguite viene invitata a presenziare a un evento, ma non può o non intende parteciparvi, è consuetudine inviare un "messaggio di saluto", necessario soprattutto se avesse dovuto tenere un discorso.

Il messaggio di saluto è una lettera a firma della persona che è stata invitata, ma che non può partecipare all'evento. Nella prima parte del testo vengono illustrate le motivazioni che impediscono la sua partecipazione e successivamente viene espressa la sua opinione sul tema della giornata. È un piccolo discorso che spesso viene letto ai presenti da qualcuno degli organizzatori.

Sia i messaggi di saluto che i discorsi richiedono uno stile di scrittura diverso da quello dei comunicati. Chi li legge deve trasmettere emozioni ed enfasi alla platea, deve coinvolgere e mai annoiare. I periodi devono essere brevi. Vanno bene le frasi a effetto, le battute, la passionalità, sono invece banditi gli elenchi, le frasi monotone, i concetti ripetuti più volte. I dati statistici devono essere solo accennati e mai elencati. È bene rivolgersi al pubblico, coinvolgerlo.

Scrivere discorsi non è semplice perché bisogna illustrare dei concetti importanti senza annoiare. È un lavoro talmente delicato che spesso i politici ingaggiano dei professionisti della comunicazione per fare solo questo.

Qualche piccola considerazione sulla presentazione e sull'interpretazione delle notizie

Quando si confrontano con una notizia, molti giornalisti la rielaborano per presentarla ai lettori in maniera obiettiva. Molti altri invece, la riscrivono cambiandone il punto di vista e l'articolo o il servizio viene influenzato dalle idee personali, dalla linea politica del giornale o dai limiti imposti dall'editore.

Dal canto loro, anche gli addetti stampa, quando scrivono un comunicato, rielaborano la notizia edulcorandola per trasmettere un'immagine vincente e pulita della persona o dell'azienda per cui lavorano.

Questo schema rientra nell'ordine naturale delle cose e va semplicemente messo in conto.

SEGRETO n. 44: gli addetti stampa vogliono che la notizia esca nel modo in cui la presentano, i giornalisti vogliono che il pubblico dei lettori colga i tratti salienti della notizia, nella prospettiva che ritengono più importante. Per soddisfare entrambe le parti, l'ideale sarebbe quello di riuscire a individuare un punto di equilibrio che tenga conto delle esigenze di tutti.

L'equilibrio può essere raggiunto quando tra giornalisti delle redazioni e degli uffici stampa si instaura un rapporto di amicizia, basato sul reciproco aiuto e sul rispetto del lavoro altrui.

I preconcetti e le generalizzazioni sono schemi mentali che ci limitano molto. La mia linea è quella di concedere sempre il beneficio del dubbio e di mettersi sulla difensiva dopo aver capito chi si ha realmente di fronte. Questo perché è anche vero che ci sono molti giornalisti schierati e poco obiettivi.

Pensate ai comunicati stampa che contengono dichiarazioni sui temi caldi dell'agenda mediatica. Spesso vengono inseriti in articoli o servizi che ampliano il contesto, approfondiscono l'argomento trattato e riportano anche altre dichiarazioni.

L'importante, per un addetto stampa, è che il senso di ciò che ha scritto non venga completamente stravolto. Una dichiarazione, soprattutto se virgolettata, può essere tagliata per esigenze di spazio, ma deve essere riportata così come è stata scritta dall'addetto stampa.

Un giornalista non può e non deve inventare di sana pianta il pensiero di qualcun altro, il suo compito è quello di riportarlo il più fedelmente possibile.

Se in un articolo vengono riportate delle false dichiarazioni, la persona interessata, attraverso il suo ufficio stampa, può richiedere la pubblicazione di una smentita. Nei casi più gravi, si può anche decidere di perseguire le vie legali e di sporgere querela verso il giornalista che ha firmato l'articolo e verso il suo direttore responsabile. Sono sempre situazioni spiacevoli che entrambe le parti tendono a evitare se vogliono porre basi solide per un rapporto lavorativo stabile e continuativo.

Come presentare voi stessi

Quando incontriamo qualcuno per la prima volta ci facciamo un'idea di chi abbiamo di fronte basandoci sulle nostre esperienze precedenti o su stereotipi socio culturali. Questo processo avviene nel giro di pochi secondi ed è la cosiddetta "prima impressione".

Non sottovalutate mai la prima impressione, soprattutto se lavorate nel campo delle pubbliche relazioni. Mi piacerebbe dirvi il contrario, ma dovete dare importanza anche al vostro modo di presentarvi. Non mi riferisco a canoni estetici, ma al modo in cui vi ponete verso gli altri e a ciò che volete trasmettere.

Ricordate che l'addetto stampa rappresenta la persona per cui lavora. Vi immaginate l'addetto stampa di un Premier che lo segue nei luoghi istituzionali indossando jeans strappati, scarpe da ginnastica e zainetto in spalla? Cosa pensereste di una persona che vi parla di lavoro mentre si diverte a fare palloncini con la gomma da masticare?

Quando vi recate in un ambiente istituzionale informatevi se esiste un'etichetta da rispettare. Alla camera dei Deputati, per fare un esempio, la giacca è d'obbligo.

SEGRETO n. 45: anche nel modo di presentarvi dovete trasmettere sicurezza, professionalità, competenza.

Abbiate fiducia in voi stessi. Siate positivi, mostrate il vostro lato migliore. Se siete a vostro agio, se vi sentite bene, trasmetterete sensazioni positive anche a chi vi è di fronte. Presentatevi con un stretta di mano forte e sincera e con un sorriso stampato sulla faccia. Niente musi lunghi e mano mosce! Rendetevi sempre presentabili. Curate il vostro aspetto per rispetto verso voi stessi e verso gli altri.

Quanto contano i rapporti personali nel lavoro di ufficio stampa

Avere delle conoscenze, in qualsiasi settore, è sempre di aiuto. Spesso tra addetti stampa e giornalisti nascono dei veri e propri rapporti di amicizia e questo semplifica anche i rapporti lavorativi. I giornalisti sono persone che vengono contattate spesso dall'ufficio stampa, soprattutto se ne seguono costantemente l'attività. Partecipano agli eventi organizzati, frequentano la sede dell'ufficio, diventano insomma delle persone familiari. La frequentazione è facile che si sposti anche al di fuori dell'orario di lavoro.

SEGRETO n. 46: un rapporto d'amicizia o di rispetto reciproco tra giornalista e addetto stampa facilita il lavoro di entrambi.

Quando si stabiliscono dei rapporti personali tra i giornalisti che lavorano negli uffici stampa e quelli che lavorano nelle redazioni le cose sono più semplici. Si crea un rapporto di reciproco aiuto e di rispetto dei limiti e dei condizionamenti a cui sono soggette entrambe le parti.

Molti giornalisti si rivolgono ai colleghi degli uffici stampa per ottenere dati e informazioni di cui hanno bisogno. Se incontrano persone aperte e disponibili, saranno a loro volta disposti ad aiutarle quando avranno bisogno di far uscire un comunicato che magari per il grande pubblico può non essere così interessante.

Considerando questi aspetti potete capire l'importanza di stabilire dei buoni rapporti con le persone con cui lavorate.

Io faccio un favore a te, tu ne fai uno a me. È uno schema che funziona sempre. L'importante è non essere mai insistenti, cercare di comprendere la situazione e non pretendere nulla. Se la notizia proposta dall'addetto stampa è in netto contrasto con la linea del giornale, è chiaro che il cronista non potrà pubblicarla.

Non si deve mai insistere per la pubblicazione di un comunicato, tantomeno si possono criticare le decisioni o le posizioni dei redattori.

Non tutti i rapporti lavorativi riescono però a essere idilliaci, quello che vi consiglio è di non uscire mai dai canoni del rispetto reciproco. Se teniamo alla nostra autonomia e alla nostra professionalità dobbiamo riconoscere gli stessi valori nei nostri interlocutori.

RIEPILOGO DEL CAPITOLO 7:

- SEGRETO n. 41: il lavoro di ufficio stampa è spesso frenetico e stressante. L'importante è non farsi mai prendere dal panico e dare sempre l'impressione di avere sotto controllo la situazione.
- SEGRETO n. 42: è fondamentale imparare a riconoscere quali siano le notizie importanti per la persona o per l'azienda per cui lavoriamo.
- SEGRETO n. 43: conoscendo in anticipo gli appuntamenti in agenda potete organizzare parte del lavoro come la stesura di discorsi, messaggi di saluto e interviste.
- SEGRETO n. 44: gli addetti stampa vogliono che la notizia esca nel modo in cui la presentano, i giornalisti vogliono che il pubblico dei lettori colga i tratti salienti della notizia, nella prospettiva che ritengono più importante. Per soddisfare entrambe le parti, l'ideale sarebbe quello di riuscire a individuare un punto di equilibrio che tenga conto delle esigenze di tutti.
- SEGRETO n. 45: anche nel modo di presentarvi dovete trasmettere sicurezza, professionalità, competenza.
- SEGRETO n. 46: un rapporto d'amicizia o di rispetto reciproco tra giornalista e addetto stampa facilita il lavoro di entrambi.

Conclusione

Se dopo tanto parlare sono riuscita a chiarirvi un po' le idee su cosa significhi essere un addetto stampa e cosa significhi lavorare all'interno di un ufficio stampa, mi ritengo soddisfatta.

Ho cercato di trasmettervi tutto ciò che mi è venuto in mente, dalle cose che possono apparire più insignificanti a quelle che ritengo più importanti.

Vi ho detto che per lavorare all'interno di un ufficio stampa bisogna essere in grado di fare di tutto, dalla segreteria, alla gestione dell'archivio, alle pubbliche relazioni.

Vi ho detto che i ritmi di lavoro possono essere frenetici e stressanti, ma spero di avervi fatto capire che se svolto con passione, quello dell'addetto stampa è un mestiere bellissimo, ma non semplice.

Lavorando nel mondo della comunicazione ho imparato che la

padronanza del mestiere e la sicurezza in sé stessi si conquistano giorno dopo giorno confrontandosi sul campo con gli imprevisti e con le piccole e grandi difficoltà che immancabilmente si presentano. E quelli che sembrano ostacoli devono e possono essere trasformati in punti di forza.

Io parto sempre dal presupposto che nella vita si può imparare tutto, basta impegnarsi e non aver paura di chiedere.

Se siete alle prime armi, non abbiate paura di esprimere i vostri dubbi, non temete di apparire incompetenti perché non lo siete affatto. State semplicemente imparando e come voi lo hanno fatto quelli che oggi comandano e dirigono.

L'esperienza, in qualsiasi settore, è fondamentale e, come sapete, si costruisce nel tempo. Ma a fare la differenza è il cuore e la passione che mettete in quello che fate.

Ogni lavoro ha i suoi pro e i suoi contro, potete svolgerlo al meglio solo se vi entusiasma davvero.

Rubate con gli occhi, osservate chi ne sa più di voi e non dimenticate mai di avere fiducia nelle vostre capacità. Perché se realmente lo desiderate, riuscirete perfettamente in qualsiasi cosa.